冷戦終焉20年

何が、どのようにして終わったのか

塩川伸明
SHIOKAWA Nobuaki

What Did the
'End of the Cold War' Mean?:
Rethinking on the 20th Anniversary

keiso shobo

はしがき

今から約二〇年前の一九八九‐九一年は、現代史の大きな転機だった。その少し前にゴルバチョフ政権下で始まったソ連のペレストロイカ（建て直し＝改革）がこの時期に一つのピークに達し、一九八九年秋には東欧諸国の激動が起き、「ベルリンの壁」が開放され、年末のマルタ会談――ブッシュ（父）とゴルバチョフが共同で冷戦終焉を宣言――へと続いた。翌九〇年一〇月にはドイツ統一が実現し、九一年には八月のソ連クーデタ事件を経て、年末のソ連解体へと至った。つまり、この時期に《ソ連・東欧の社会主義体制》・《冷戦》・《ソ連という巨大な多民族国家》のどれもが、その存在を終えたのである。

こうして一つの時代に幕が下ろされたわけだが、それから二〇年を経た今、それらに代わって登場すると期待された《繁栄した市場経済》・《世界的な平和》・《民主的な独立国家》は、どれも希望通りの形では実現していない。地球の各所で旧来の国家間戦争と異なる形での武力紛争――「新しい戦争」と称される(1)――が頻発しているし、終わったはずの冷戦についても、時おり「新しい冷戦」の開始がささやかれたりしている。「民主化の波」といわれた現象の後には、多くの国で権威主義的政治への傾斜が観察されており、「市民社会」の再発見と称された動きの多くはしばしば忘却の彼方となっている。そしてまた、市場経済の万能が賛美された時期がしばらく続いた後にやってきたのは、貧困や格差の拡大をはじめとする種々の社会問題の噴出であり、二〇〇八年後半に世界規模での大不況が到来するに及んで、日本を含む各国で「市場万能論」批判が一挙に高まり、一部では、忘れられていた社会主義を見直そうとする機運さえもある（時ならぬ小林多喜二ブームやゲバラ・ブームなど）。

これはいったい何を意味するのだろうか。二〇年前に「古い時代の終わり」とともに始まった新しい過程（「改革」）が挫折して、古いものへの逆戻りが起きているのだろうか。あるいは、そもそも二〇年前の時点での希望に誤りがあったのだろうか。二〇年前に「終わった」と考えられたものは、そもそも本当に終わったのか、それとも実は終わりきっていなかったのか、いずれにしてもその終わり方はどのようなものだったのか等々、多くの疑問がわく。

本書は、一九八九–九一年の世界史的激動から二〇年という地点に立って、①あのときに終わったものは何だったのか、②それはどのようにして終わったのか、そして③その後に進んでいる変化はどのようなものなのか、を考えることを課題とする。これらの問いのうち、第一問と第二問は往々にして自明視されており、そもそも振り返る必要もないというのが、大方の感覚のようである。一例を挙げるなら、現代における民主主義のおかれた状況について鋭い問題提起を行なった好著に、「〔冷戦終焉・ソ連解体によって〕消滅したものが明らかなのに対して、何がかわりに登場したかは、議論の分かれるところである」という個所があるが(2)、ここには、そうした感覚が典型的に表出されている。

しかし、「何がかわりに登場したか」が見定めがたく、冷戦後二〇年の変化が期待通りのものでなかったことの一つの理由は、「何が終わったのか」「どのようにして終わったか」が十分深く理解されておらず、皮相で安直な理解にとどまっていたことにあるのではないだろうか。とするなら、右の第三問について考える前提として、第一問・第二問についても改めて振り返ってみる必要があるのではないだろうか。本書はこのような課題に応えようとするものである。

冷戦終焉20年

何が、どのようにして終わったのか

目次

目次

コラム

I　問題の所在

冷戦終焉以来、ここ二〇年ほどのあいだに、世界全体でも日本とその周辺でも、大きな変化が次から次へと起きた。そうであれば、それ以前の時期のことなど振り返る必要もないし、その余裕もない、というのが多くの人の感覚だろう。ましていわんや、ソ連をはじめとする「現存した社会主義」がどういうものだったか、それはどのようにして解体したのかという問題については、「それについてはもう決着がついた」というのが常識的理解であり、答えが明白である以上、改めて深く考える必要などない、というのが大方のところであるように見える。

しかし、本当にそうだろうか、という疑問を本書では出してみたい。大急ぎで断わっておくが、このような疑問を出すというのは、何もソ連がすばらしい社会だったとか、社会主義体制が解体せずに維持されたらよかった、などと論じようということではない。そのような「トンデモ本」的議論を出すつもりは、私には全くない。しかし、それとは別のところに、いくつもの疑問を出す余地がある。

一連の「常識」的命題

とりあえず、問題の所在をはっきりさせるために、いくつかの「常識」を列挙し、それぞれについて疑問を出してみよう。以下に掲げる一連の命題は、多くの人によって、ほとんど説明するまでもない自明の「常識」として受け止められ、何度となく繰り返されているものである。

・「ソ連が解体して冷戦が終焉した」。
・「冷戦期には国際的にも、各国の内政でも、単純明快な二極対立の構図があった。これと対照的に、冷戦後の世界の構造はより複雑で、不透明である」。
・「冷戦期のいわゆる進歩派は、親ソであり、マルクス主義者であり、歴史の発展図式の信奉者等々だった」。
・「社会主義は民主主義の反対物であり、そこからの離脱は民主化を意味する」。
・「旧ソ連・東欧諸国における体制転換の目標は市場経済化と民主化だ（現実には、しばしばその目標達成に失敗しているが、それは本来の改革からの逆行だ）」。

・「社会主義経済は資本主義経済よりも効率性および生産力において劣り、国民大衆の生活水準は低く、そのことへの不満が増大した必然的結果として、崩壊に行き着いた」。
・「ソ連の終焉はマルクス主義の破産を意味した」。
もっとも、マルクス主義評価については、多数派をなす全否定派だけでなく、少数ながら「復興派」ともいうべき人々もおり、その立場からは、次のような言い方がされることがある。
・「ソ連という国が存在している間は、マルクス主義は特定国家の護教イデオロギーでしかありえなかったが、今やそうした制約から離れて自由にマルクス主義を再解釈することができる」。

疑問の提起

これらの「常識」的主張の一つ一つを詳しく敷衍し、その上でそれらを丁寧に検討するのは、実はかなり複雑な作業になる。しかし、ここでは、次章以下の本論への導入として、とりあえずごく大づかみに、上記の命題のどれについても大きな疑問符を付けることができるということを例示してみたい。

・「ソ連が解体して冷戦が終焉した」。

冷戦終焉が宣言されたのは一九八九年一二月のマルタ会談においてであり（その直前の一一月にベル

リンの壁崩壊）、その時点では、ソ連という国はまだ存在していた。ソ連が解体してから冷戦が終焉したのではなく、冷戦終焉宣言後の新たな国際情勢の展開のなかで、その少し後（九一年一二月）にソ連が解体した、というのが現実の順序である。

・「冷戦期には国際的にも、各国の内政でも、単純明快な二極対立の構図があった。これと対照的に、冷戦後の世界の構造はより複雑で、不透明である」。

冷戦期の世界および各国情勢を多少なりとも具体的に振り返ってみるなら、そこには単純な二極対立に尽くされない要素が多々あった。二極対立を超えようとする志向も、多くの人々によって表明されていた。むしろ冷戦後になって、そうした二極対立を超えようとした志向の存在が忘れ去られ、グローバリズムvsアンチ・グローバリズムとか、アメリカの一極的な世界支配vs反米主義といった単純な二極構図がしばしば描かれているのではないだろうか。

・「冷戦期のいわゆる進歩派は、親ソであり、マルクス主義者であり、歴史の発展図式の信奉者等々だった」。

ある種の人々にそうした特徴づけが当てはまるのは確かだろう。だが、それがすべてだというのはあまりにも乱暴な決めつけである。これは多少なりとも冷静に冷戦期の言論史・思想史・精神史を振り返ってみれば明白なはずだが、そうした冷静な作業は滅多になされていない。

・「社会主義は民主主義の反対物であり、そこからの離脱は民主化を意味する」。

社会主義体制のイデオローグは自由主義（リベラリズム）を否定はしても、民主主義を否定したことは一度もない。もちろん、彼らの標榜する「ソヴェト民主主義」は現実には空洞化・形骸化しており、社会主義的政治体制の実態は民主主義から程遠かった。ただ、それは単純な意味で「反対物」だったというよりも、「ブルジョア民主主義よりもずっと高度な本物の民主主義」を実現しようとする試みの逆説的産物だった。そして、そのような試みが失敗したということの自認＝体制転換は、「高度な民主主義」の断念を意味する。これは現存する民主主義のあり方を批判して、民主主義の再活性化を目指すラディカル民主主義論者たちにとっても無縁でない問題のはずである。だが、そのことはほとんど気づかれていない。

・「旧ソ連・東欧諸国における体制転換の目標は市場経済化と民主化だ（現実には、しばしばその目標達成に失敗しているが、それは本来の改革からの逆行だ）」。

市場経済化と民主化がイコールだという考えは一時期広範囲に広まり、ジャーナリスティックな評論では、いまでも支配的である。しかし、資本主義経済と政治的民主主義のあいだには重大なディレンマないし緊張関係があり、両者はそう簡単には両立しないということは、古くから多くの論者によって指摘されてきた通りである（詳しくは第Ⅳ章で取り上げる）。これは単に理論的な話にとどまるものではない。現実問題として、多くの発展途上国で、資本主義的な経済発展のために「開発独裁」や「官僚的権威主義」体制が正当化されてきた。そして今日の旧ソ連諸国の状況も、ごく大まかな言い方をするなら、「開発独裁」や「官僚的権威主義」体制に近いところがある。それは自由主義的民主主義（リベラル・デモクラシー）とは縁遠いが、だからといって市場経済化という巨視的方向性から逆行したとか、かつてのソ連のような体制に回帰したなどということはできない。リベラル・デモクラシーの定着でもなければ、旧体制への復帰でもない、ある独自な社会構造――権威主義的統治への傾斜を伴った資本主義経済――が生まれつつあるのである。だが、そうした現実は、市場経済化と民主化をイコールとする図式では、どこにも位置づけることができない。

・「社会主義経済は資本主義経済よりも効率性および生産力において劣り、国民大衆の生活水準は低く、そのことへの不満が増大した必然的結果として崩壊に行き着いた」。

社会主義経済体制が種々の欠陥をかかえていたこと自体は明らかである。しかし、より具体的な経過に立ち入ってみると、《経済低落→大衆の不満→体制崩壊》というような一直線の因果連関がいえるわけではない。ゴルバチョフによるペレストロイカが始まる前のブレジネフ期は、後世からは「停滞の時代」と呼ばれることが多いが、大産油国たるソ連は国際石油価格上昇のおかげで外貨を稼ぐことができ、表面的には一定の経済成長を確保することができていた。ゴルバチョフ期に入って国際石油価格が低落したこと、一連の経済改革がかえって種々の混乱を招いたことは成長率の低下をもたらしたが、それでも遅い時期に至るまで一応のプラス成長ではあった。他方、国民の不満というものは、経済情勢の善し悪しと直接対応するものではなく、むしろ部分的な改善の兆しが「期待の爆発」をもたらし、期待と現実のギャップが不満増大を引き起こすことが多いが、ペレストロイカ期ソ連で起きたのは典型的にそうした状況だった。

これに対し、ソ連解体後になると、経済情勢はむしろ急激に悪化し、九〇年代後半に底入れするまでマイナス成長を続けた。つまり、時間的前後関係としていえば、《経済の急落→体制崩壊》ではなく、《体制崩壊→経済の急落》というのが現実の順序だった。しかし、それまでの急激な変化に倦んだ大衆は、生活水準急落のなかで個人としての生き延びに専心し、政治的抗議運動に向かうことはあまりなかった。このような過程を振り返ってみると、経済体制の特徴－それぞれの時期の経済実績－国民の生活水準－大衆の政治的不満表出のあいだには相当複雑な連関があり、通俗的なイメージで想定されがちな単純な関係ではとうてい説明し尽くすことはできない。

・「ソ連の終焉はマルクス主義の破産を意味した」。

ある国の政治体制の崩壊という事実と、その国の指導者が公式イデオロギーとして掲げてきた理念の評価というものは、もちろん無関係ではありえないが、かといって単純に直結できるものでもない。一口にマルクス主義といっても、多種多様な解釈・潮流がある。マルクス主義の立場からソ連・東欧・中国などの現存社会主義を強く批判してきた潮流が古くからあったことも、周知の事実である（これを指摘するのは、それらの潮流が「正しかった」と主張するためではない。そうした評価とはひとまず別に、とにかく歴史とイデオロギーの関係を短絡させるわけにはいかないということだけが、ここで確認しておきたい点である）。そうした多様性を考慮するなら、ある実践例の敗北が全てを決定するというのは性急に過ぎる議論だといわねばならない。

・「ソ連という国が存在している間は、マルクス主義は特定国家の護教イデオロギーでしかありえなかったが、今やそうした制約から離れて自由にマルクス主義を再解釈することができる」。

ソ連・東欧・中国などの国内ではイデオロギー統制が厳しかったから、正統イデオロギーを離れることは確かに難しかった（それでもそうした試みがなくはなかったという点も注目すべき事実だが、その点はいまはおく）。しかし、欧米諸国や日本でマルクス主義について論じる人々は、特定国家の護教イデオロギーにとらわれることなく、自由な再解釈をすることが以前からできたはずである。今頃になってはじめてそれが可能になったと主張する人は、自分が最近まで護教イデオロギーにとらわれていた――国家権力にそれを強いられていたわけでもないのに――ということを自認しているようなものではないか。

こういう風に考えてみると、《冷戦期》《社会主義》《ソ連型体制》等々について広まっている種々の「常識」は、どれもそう簡単には維持できそうにない。現代世界を「冷戦終焉後の世界」、従ってまた「社会主義体制崩壊後の世界」と見るなら、「冷戦終焉後」「社会主義後」とは何を意味するのかを明確にする必要があるが、そのためには、「冷戦」「現存した社会主義」とはそもそも何だったのか、それらはどのようにして終焉を迎えたのかについて、改めて考え直す必要性があるのである。

今日的状況にとっての意義

もっとも、ここまで読んできた読者の一部は、次のような疑問を出すかもしれない。確かにソ連解体の直後には、「自由主義勝利論」が大流行し、既成の左翼や社会主義者・マルクス主義者たちの自信喪失により「左翼総崩れ」ともいうべき現象が起きたが、それから二〇年ほどの年月を経る中で、「勝った」はずの自由主義・市場経済の側が種々の問題を露呈し、そのことを批判的に指摘する新しい社会運動もあちこちで新たに生まれてきた。そうした動きを見るなら、現状に対する批判的精神は決して失われたとはいえない。それがどこまで強力かはまだ予断を許さないとはいえ、とにかくそれは一応健在であるし、二〇〇八年後半以降の世界不況をうけて一層強まる気配を見せている。そうした事情を念頭におくならば、古くさいマルクス主義のことやソ連型社会主義のことなど、わざわざ思い出す必要もないではないか。それらは滅びるべくして滅んだのであり、そんなものにいつまでもとらわれることなく、新しい批判的思考と運動を前進させることの方がよほど重要ではないか、と。

確かに、既存の「マルクス主義」とか「社会主義」とは異なる次元で、さまざまな形で批判的思考が発揮され、各種の新しい社会運動が起きているというのは事実だろう。グローバル化に対抗するアンチ・グローバリズム、経済に関する「市場原理主義」批判、アメリカ一極支配に対抗する多極主義の芽生え、西ヨーロッパにおける社会民主主義の再生と「第三の道」の模索、ラテンアメリカ諸国における左翼政権の増加、思想界・言論界におけるさまざまな新しい批判思想の模索等々である。ポスト冷戦期の世界全体に対して強いヘゲモニーを行使し、「新しい帝国」とさえいわれたアメリカでも、ブッシュからオバマへの交代に伴って、新しい動きの胎動が感じられるようになっている。二〇〇九年の日本における政権交代にしても、手放しで「変革の始まり」というのは早計だが、それをもたらした多数の要因の一つに、冷戦期以来ずっと持続してきた自民党支配体制に対する批判の高まりがあるとは言えるだろう。

これらの動きに、注目すべきものがあるのは当然である。と同時に、それらは未完成のプロジェクトであるが故に粗削りな面を含み、さらに精錬されていかねばならない。そして、そのような精錬作業に、「近い過去」に関する批判的再検討もまた貢献できるのではないか、というのが本書の背後にある想定である。その際、マルクス主義やソ連型社会主義を復活させるべきだとか、その中にあった良いものを見直すべきだなどと唱えるつもりは毛頭ない。問題は、「滅びるべくして滅んだ」と広く認識されているものについて、本当にその解剖が十分なされているのかという点にある。「死んだ」ということははっきりしていても、「どのようにして死んだのか」がはっきりしていないなら、「われわれはあれとは違うんだ」と称する人たちが、同じ――あるいは類似の――落とし穴に落ちない保証がどこにあるだろうか。

　本書の狙いは、ソ連型社会主義について「あれは駄目だった」という通説的結論自体を動かそうなどという点にあるのではない。そうではなく、「どのような意味で駄目だったのか」を改めて考え直す作業がやはり必要だということを指摘したい。往々にして、その点があまりにも安易に片づけられているために、「われわれはあれとは違うんだ」と称する人たちが、その「あれ」の中身をきちんと理解せず、その結果、気づかないうちに「あれ」と似た問題をかかえてしまうといったことがあるのではないか。「現存した社会主義」についてもう一度考え直してみる作業が必要だというのは、そのような意味においてである。

Ⅱ　何が終わったのか

1　はじめに――「現存した社会主義」を見る眼

旧ソ連とか旧社会主義圏についての話というと、古くさいイデオロギー論ばかりで、それはもううんざりだ、というのが大方の感覚だろう。今から何十年か前に盛んだった社会主義に関する種々の議論を思い出してみると、一方の側に社会主義賛美論があり、他方の側に社会主義批判論があって、両者が対峙していたが、前者はもう破産が明瞭になったし、後者も今では自明のことになったので、改めて再確認するのも退屈な話である。要するに、どちらの側の議論も、今となっては振り返る価値がない、というわけである。

確かに、そうした類の議論が多かったのは事実だし、そういったものを今頃ほじくり返すことにさしたる意味がないという点では、私も異論があるわけではない。だが、社会主義圏をどのように認識するかという問題をめぐってソ連解体までに積み重ねられてきた議論というものは、実はそうしたものばかりに尽きるわけではなく、もう少し幅広いものがあった。このことは、あまり知られていない。

親ソ・反ソ・知ソ

かつてのソ連——あるいは、より広く社会主義諸国——に関する分析が「親ソか反ソか」といったイデオロギー的価値判断に巻き込まれやすかったのは事実である。だが、逆に、だからこそ、そこから相対的に距離をおいた、冷静で客観的な分析を目指そうという態度——「親ソ」でも「反ソ」でもない、いわば「知ソ」の立場——もあった。この場合、親ソ論と違って対象を非現実的に美化してきたわけではないから、それが倒れたからといって、価値観の面で衝撃を受けることはない。もっとも、価値観とは別に、認識の面では一種の衝撃があった。というのも、ソ連・東欧圏に種々の矛盾が存在するということはもとから認識していたにしても、それが直ちに爆発はせず、相対的安定を保つだろうというのが、三、四〇年ほど前までの大多数の観察者の見通しだったからである。この面では確かに予想が外れたということになるが、しかし、これは理念とか価値観とは別の次元のことである。

このように指摘するのは、かつての研究に種々の限界があったことを否定する趣旨ではない。どのような分野であれ、研究というものに時代的限界がつきまとい、より新しい研究がそれ以前のものを乗り越えていくのは当然のことである。ソ連研究の場合、対象国の閉鎖性に由来する情報の壁も大きかった。もっとも、この点でも、非専門家のあいだにしばしば広まっている大ざっぱなイメージ――信頼できる情報はほぼ完全に秘匿されており、ソ連解体後にようやく明らかになったというような――は正しくない。量的には膨大な規模にのぼる各種情報――「地下出版」文献なども含む――があったし、それらの中に含まれる有意味な情報を丹念に選り分け、それらの「行間を読む」作業を通して、ソ連社会の裏面に迫るという作業は、数十年来の蓄積を持っており、決して単純に無価値として投げ捨てられるようなものではない(3)。

だから、全てが闇の中に包まれていて本当のことは何も分からなかった、というような単純な話ではないのだが、それにしても、かつての研究に種々の限界性があったのは確かである。そして、それを超える新しい研究が、新たに利用可能となった資料や新しい研究手法などによって進められつつある。そこには確かに一種の「進歩」がある。ただ、それは、「イデオロギーに制約された党派的研究から、自由で中立的な研究へ」というような図式だけに還元できるものではない。かつての研究――そのうちの上質の部分――は、その対象がイデオロギーや理念と無縁ではありえないからこそ、それに単純に振り回されることを避け、いかにして相対的に妥当な認識に到達するかについて、方法意識を研ぎ澄まさせようとしていたのである。

「親ソ／反ソ」という二項対置を超えて「知ソ」ともいうべき態度を貫くにはどうしたらよいかという問題は、それ自体としては過去のものとなったようにみえる。しかし、冷戦の終わり方（この問題については第Ⅲ章第3節で論じる）とも関連して、かつての「反ソ」論の系譜を引く考え方が勢いを強める一方、「親ソ」論が立場を失ったのは当然として、そのあおりをくらって、かつての「知ソ」の立場までも「親ソと大同小異」と決めつけられて押し流されるような風潮があることには、注意を払っておく必要があるように思われる。

この問題はまた、現在においては、別の地域について似た状況の存在を指摘することができる。たとえば、現代日本で中国について論じる際に、「親中（極端な言い方では媚中）」か「反中（感情的な言い方では嫌中）」か、といった極端な対置がなされやすく、それらを離れた「知中」ともいうべき態度をとるのはなかなか難しい。イスラーム圏あるいは北朝鮮についても同様のことがいえるだろう。あるいはまた、二〇〇四－〇八年頃に一部でささやかれた「新しい冷戦」状況の中でのロシアについても、かつてのソ連ほどではないにしても、ある程度それに近い状況が現われた（この点については第Ⅳ章第4節で触れる）。こうした現代的対象について考える際、かつてのソ連について「親ソでも反ソでもなく知ソ」という態度の模索があったことを振り返るのも無意味ではなかろう。

本章では、旧ソ連をはじめとする「現存した社会主義」諸国について、弁護論やら未練論やらを述べるのではなく、その実相は本当に理解されているのかという問いを出し、「終わったものは何だったのか」を今一度冷静に検討し直してみたい。

2 目指されたものとその帰結

まず、ロシア革命（社会主義革命）に託された期待はどういうものだったか、という点から考えてみたい。もっとも、こういう問いを出すと、そんなことについてわざわざ改めて考える必要性がどこにあるのか、という反問にさらされるだろう。「ロシア革命は何だったのか」という問いは、そもそもそんな問いを出すこと自体にどういう意味があるのかというメタ・レヴェルの問題にまでさかのぼって考え直す必要のある問いなのである。

ロシア革命をどう振り返るか

ロシア革命から半世紀くらいまでの間は、革命記念日（一一月七日）のたびに、「革命何十周年」という記念行事が大規模に行なわれ、「ロシア革命の意義」が、ソ連政権支持の立場からとソ連批判の立場の双方から、熱心に議論されたし、ゴルバチョフ政権初期の革命七〇周年（一九八七年）には、ゴルバチョフがどの程度新しい歴史解釈を打ち出すかが大きな関心を集めた。しかし、ソ連解体が決定される約一ヵ月前の一九九一年一一月初頭に、ソ連国家評議会は来たる革命記念日にパレードも式典もしないと決定した(4)。革命八〇周年を前にした一九九六年には、革命記念日は「合意と和解の日」と改称されたが、これはロシア革命の精神を否定しようとする勢力と肯定しようという勢力の衝突を回避し、「国民和解」を創り出そうという狙いを秘めていた。二〇〇四年末の祝日法では、この日はとうとう祝日から外された（それに代わるかのように新たに制定された一一月四日の「国民統一の日」は、一七世紀初頭に動乱のさなかにあったロシアがポーランド軍から解放されたのを祝う日である）。当のロシアが祝わなくなった祝日＝革命記念日は、他のどの国においても――いまでもロシア革命を「世界史の画期」と見なそうとするごく少数の政治潮流を別にすれば――ほぼ忘れられた記念日と化している。

このような経緯を振り返るなら、「ロシア革命の歴史的意義」を考えることが重要だという感覚自体が、今では広く共有されているとはいえないことは明らかである。ソ連やロシア革命への関心が急激に低下し、かつては多くの人にとって常識的だったことが忘れられているという現実の中では、これはある意味で当然だろう。そのことを確認した上での話だが、かつてこれを「世界史の重要な画期」と見なすのが常識だった時期がある以上、それが「正しい」かどうかはひとまず別として、そのような「常識」を持っていた人とそうでない人とのあいだで何らかのコミュニケーションを図る必要があるのではないだろうか。

私は数年前から、「冷戦についての戦中派と戦後派の世代ギャップ」ということをときおり話題にしているが(5)、若い世代の中で「戦後派」が増えつつある今日、この世代ギャップを超えた対話を図るためには、「戦中派」にとってかつて自明だったことを、改めて確認し直す作業が必要になる。それは「戦後派」にとって未知のことを伝えるというだけの問題ではない。むしろ「戦中派」にとっても、いつの間にか忘れつつあることについて考え直し、自分自身に対して問いかけを発するという意味をもつはずである。

歴史のなかのロシア革命

ロシア革命は今から見れば遠い過去であり、またその革命から生まれた「現存した社会主義」体制（この言葉についてはコラム①参照）も、今や過去のものとなった。とするなら、かつて多くの人がそこに熱い想いを込めたという事実自体が今では理解されにくいものになっているのも無理からぬものがある。結果的に見て、革命に託された期待が幻想だったということは否定しがたいからである。である以上、それに今なお思い入れをもつ必要はさらさらない。だが、それとは別に、「それはどのような幻想だったのか」「それはどうして多くの人々の希望を引きつけたのか」という問いは、歴史的に解明する必要のある問いとして残っている。それはさしあたっては現在よりも過去にかかわる問いだが、広く考えるなら、いわば「意識せざる後遺症」のような形で、現在にもある種の形で関わってくる問題である。

コラム①　社会主義・共産主義・「現存する／現存した社会主義」

社会主義運動がイデオロギーと密接に結びついていたことと関係して，「社会主義」「共産主義」その他の関連用語の使い方をめぐっては，膨大な量の概念論争がある。まず，古典的なマルクス主義は，「社会主義」を「共産主義」の低次の段階と位置づけた。このように両者は区別されたとはいえ，同じ運動の目標の第一段階と第二段階という意味では連続的なものと見なされており，「社会主義運動」と「共産主義運動」を区別する必要はこの立場からはないということになる。ソ連の指導部は1930年代半ばに自国が「社会主義建設」を完了したと宣言した。その後の「共産主義への移行」については，これもかまびすしい議論を伴ったが，とうとう共産主義に達したと自ら宣言する時期を迎えることなく，ソ連はその歴史を閉じた。こうして，ソ連は「共産主義」を目指したものの「社会主義」段階にとどまったというのが公式の自己認識ということになる。

これとは別に，西欧で優勢な社会民主主義の発想によれば，「共産主義」とは，広義の「社会主義」運動の一翼ではあるが，そのうちの誤った方向に向かったものと見なされる。この観点からは，西欧社会民主主義こそが「正しい社会主義運動」とされ，ソ連その他の国の体制およびそれを支持する運動は，「誤った」という含意を込めつつ「共産主義」と呼ばれる。つまり，ここでは，「社会主義」と「共産主義」とは明確に区別され，対置される概念ということになる。

さらに，これらと区別されるもう一つの言葉として，「現存する社会主義」という用語もあり，主に1970－80年代に使われた。この語の使い方にもいくつかの流派があったが，とにかく理念ないし運動としての社会主義と区別して，現に存在する体制を指すという含意があった。今日の視点からこれを歴史的に捉えるなら，過去形の表現にして「現存した社会主義」ということになる(6)。

本書では，くだくだしい概念論争は多くの読者にとって無用だろうと考えて，言葉づかいについてその都度説明することは省き，それぞれの文脈で相対的に適切と思われる表現をとることにする（といっても，論者の立場によってどの用語が適切かについての見解が分かれるのは避けがたく，これはあくまでも相対的な問題である）。

今日、大多数の人は、ロシア革命やソ連の歴史を自分とは全く縁のないものとみなし、その挫折については、改めて解明を要しない自明の事実と見なしているようにみえる。しかし、歴史を丁寧に振り返ってみるなら、ロシア革命にかけられた期待の中には、それだけとってみれば今日でも高い理想と見られるものがある。このことを指摘するのは、「だからその意義を再確認しよう」という趣旨ではない。そうではなくて、そのような高い理想を掲げた運動が結果的に悲惨な現実をもたらしたとしたら、その経験は、今日、各種の理想を掲げて奮闘しているさまざまな人々にとって無縁な「対岸の火事」ではなく、「他人事」扱いできない問題ではないかという点をここでは指摘したい。このことに気づかずにいるならば、ソ連の失敗例とは無縁だと自認している種々の「新しい」運動と思想も、意外なところで足をすくわれることになりかねないのではないか。だとしたら、安易に結論を自明視する前に、いったんは、その経過をたどり直してみる必要があるだろう。

革命に託された期待

フランス革命の場合には「自由・平等・友愛」という広く知られた一組のスローガンがあり、そのおかげで、「革命に託された期待」について考えるのが相対的に容易である。これに対し、ロシア革命の目標は単純な標語に集約しにくい。とりあえず、革命時に最も中心的だったスローガンとして「土地」「平和」「自由」「パン」が挙げられるが、これらが全体を集約するという広い合意があるわけではない。

ロシア革命に関する一つの有力な見方として、「複合革命」という考え方がある(7)。その見地をもう一歩推し進めていうなら、ロシア革命が単一の革命でなかった以上、さまざまな当事者が個々にいだいていた目標はそれぞれ別個のものであり、それらが体系的なスローガンに集約されないのは当然だとも考えられる。さらにまた、大衆のいだいていた直接的目標と革命指導者たちの究極目標たる「社会主義」との関連性をどう考えるかという独自の問題がある。大衆と指導者のあいだの乖離を強調する観点に立つなら、後者は前者と無縁の立場から、前者の運動を政治的に利用し、いわばそれを乗っ取ったのだ、という風な見方もありうる。

いま述べたような種々の差異、非一体性、同床異夢の要素を押さえておくことは、ロシア革命を神話化することなく歴史的に理解する上で大事な点である。と同時に、そうした面をはらみながらも、それらが大きな意味で一つのうねりに合流するという期待――後から振り返っていえば幻想――があったことも否定しがたい。それはどういうものだったのかというのが、ここでの問題である。今となっては、その期待をそのまま受けとるのはナイーヴに過ぎるが、たとえ幻想にもせよ、そうした考えがかなりの程度広がったということ自体を、一個の歴史的事実として振り返る必要がある。

もう一つ、当時のロシア大衆にとっての期待と、その後の世界の多くの人々にとっての期待とがどこまで関連性をもつのかという問題もある。この点についても、種々のズレがあったのは当然だが、かといって、全く無縁でもなく、大きな意味では、重なり合う面があった——少なくとも、そのように受けとめる人がかなりいた——と考えられる。ロシア革命とソ連国家の成立は、世界中の諸国に大きな影響を及ぼした。それは何も直接的な意味での社会主義（共産主義）運動の興隆といった点に尽きるものではない。いわゆる先進諸国における「福祉国家」化にしても、また第二次大戦まで植民地化されていた多くの地域における民族解放闘争にしても、種々の形でロシア革命およびソ連の存在に刺激され、間接的に影響されていたという事実がむしろ重要である。

もっとも、そこには、誤解や幻想に基づいた要素もあり、ソ連の現実そのものがストレートに世界中に作用したというわけではない。だが、それにしても、そうした誤解や幻想の要素を含みつつ、全体として大きな衝撃力を持ったというのが、当時の歴史だったということを確認しないわけにはいかない。大まかにいって、ロシア革命から数十年の間は、ソ連以外の諸外国でも、そして狭義のマルクス主義者以外の人たちにとっても、社会主義というものが「歴史の進歩」を象徴すると受けとられ、その世界的拡大を期待する見方が相当程度広まった時期だったといえる。

他方では、ロシア革命に象徴される社会主義・共産主義運動に敵対したり、これを憎悪したりした人も多かった。この点については、ある時期までの日本では「反動的な見方」として軽くあしらわれがちだったが、今日では、もう少し丁寧に振り返る必要があるだろう。反共産主義思想のなかには、平等思想に敵対して旧秩序を固守しようとする反動的潮流だけではなく、共産主義のはらむ問題性を先駆的に見抜いた部分も含まれていたからである（ただ、現実の政治においては、しばしば後者も前者に合流しがちだったという点も押さえておく必要があるが）。それはともかく、そうした立場に立つ人々にしても、共産主義思想が大勢の人を引きつけるのではないかと考えればこそ、それを警戒したのだという事情を念頭におくなら、憎悪・敵対の背後には「多くの人々の期待」という事実があったということができる。また、そうした「社会主義・共産主義に対抗する必要性」という意識が資本主義の側の変容、とりわけ福祉国家化を促した面があったことは、よく指摘されるとおりである。

以上、ロシア革命の衝撃力について述べてきた。しかし、革命から数十年経つうちに、こうしたアピール力は次第に低下していった。これはソ連解体で突然そうなったわけではなく、むしろそれに先立つ数十年のあいだに徐々に進行していた過程である。社会主義圏以外の諸国にとっての魅力が次第に減退しつつあっただけでなく、ソ連・東欧諸国の内部においても、体制への信頼が徐々に掘り崩され、それを守ろうとする信念も空洞化が進んでいた。だからこそ、最終局面においてほとんどこれといった抵抗もなく、あっけない終焉を迎えたわけである（この点について詳しくは第Ⅲ章で見る）。

こういうわけで、「現存した社会主義」七〇年間の歴史を考える場合には、それが強烈な魅力を発揮していた前半の数十年と、その魅力が色あせ、多くの人にとって幻滅の対象となった後半の数十年という二つの局面があったことを押さえる必要がある。現在により近いのは後者であるために、前者のことは完全に忘れられようとしているが、それでは歴史の全体的把握にならない。かといって、前半だけを重視して後半を軽視するのでは、これまた一面的な理解に陥る。両者を総合的に捉えるのは難しいけれども、それだけに重要な課題である。

主要スローガンとその意味

以上、「革命に託された期待」について考えるための予備的議論を続けてきたが、とりあえずの手がかりとして、ロシア革命の主要なスローガンとしての「平和」「自由」「土地」「パン」について考えてみよう。その際、それが本来実現可能だったはずだという想定に立つのではなく、むしろ革命達成後にそれがどのような条件下にどのような変容を余儀なくされたかを確認するという観点が必要である。

①まず、「平和」について。このスローガンは、直接には、当時進行中だった戦争（第一次世界大戦）の即時終了の要求を指すが、より広くは「戦争のない世界」への希求があった。よく指摘されるように、第一次世界大戦は未曾有の総力戦であり、その惨禍はそれまでの戦争を大きくしのいだ。そこから、反戦感情が多くの人の心情を捉えたのは自然である。この点と関係して、当時の社会主義運動の中心だった第二インターナショナル主流派が戦争賛成の立場をとり、これに対抗する反戦派が第三インターナショナル＝共産主義インターナショナルを結成して、共産主義と社会民主主義の世界的分裂が生じたことも、思い起こしておくに値する。後の、特に西欧での歴史を念頭におくなら、第二

インター＝社会民主主義の方が優位を誇ることができるというのが今日優勢な見解だが、当時の戦争と平和という観点からは、戦争反対を貫いた部分が第三インター＝共産主義に結集したという歴史的事実も確認しておいてよい。

②次に、「自由」について。自由の概念は多義的であり、多様な解釈が可能だが、当時のロシアの文脈では、帝政のもとでの圧政からの解放が主要なものだったと考えられる。単純にいえば、政治的自由と民主主義の問題になる。逆にいえば、経済活動の自由（経済的自由主義）の要素は、ここでいう「自由」にはほとんど含まれていなかった。数十年後の世界では、「自由」といえば第一義的に経済活動の自由を思い浮かべるのが一般的風潮となったが、当時はそうではなかった。また、その後のソ連は「自由」という価値を軽視することになるが、革命の出発点には「自由」への希求があったということも振り返られてよい。

③「土地」および「パン」。これは直接には貧困からの解放ということであり、それを延長していえば、経済発展と繁栄への志向という風に言い換えることもできる。但し、「土地」というスローガンはそれだけでなく、「公正」の要素も含んでいた（社会革命党《エスエル》に代表される「農民的社会主義」）。

④上記の直接的スローガンとは相対的に別個だが、「社会主義」についても考えておく必要がある。「平和」「自由」「土地」「パン」を求めた民衆が社会主義というものをどこまで深く考えていたかは疑問だが、それにしても、これらのスローガンを掲げた大衆運動の中心に社会主義者たちがいるという

ことは、当時の大衆にも広く知られていた。では、その「社会主義」とは何かという問題になるが、とりあえずごく大まかにいうならば、平等で公正な理想社会の建設が目指されたといってよいだろう（「平等」と「公正」の関係は微妙なものを含んでいるが、ここでは立ち入らない）。そしてそれが「戦争のない世界」「政治的自由と民主主義」「経済発展と繁栄」をも保証すると期待され、それ故に、①②③を求める大衆の支持を集約することができた。これは後から振り返ってみるなら一つの幻想だったが、とにかくそういう期待が分かちもたれている限りで、これらの目標は別々のものではなく、有機的な一体をなすものと考えられた。そうした一体性を持つものとして、ロシア革命の目標は多くの人に受けとめられていたといえるだろう。

このようにみてくるなら、ロシア革命および社会主義にかけられた期待は、それがどこまで現実的だったかは別として、とにかく目標としてみる限り、今日でも多くの人を引きつけるところがある。つまり、現代人にとって単純に無縁な「他人事」だとはいえない。問題は、そのような期待ないし目標がどのようにして、それとは裏腹の悲惨な結果を招いたのかという点にある。

3　幻滅の要因をどう理解するか

前節でみたような期待が結果的に満たされなかったことは、今日では衆目の一致するところである。

だが、それはどうしてかという点については、突き詰めた考察がなされず、往々にして単純に自明視されている。しかし、失敗の考察が不十分だと、失敗例とは無縁のはずの今日のさまざまな運動・思想・政策などが実は意外に共通の欠陥をかかえるということにもなりかねない。とすれば、結論を単純に自明視するのではなく、より突っ込んで考える必要があるだろう。

いくつかの解釈の類型

さきほど見たように、社会主義革命に人々がかけた期待は、ある意味では今日でも「高い理想」と見られるところがあり、単純に邪悪な目標を持った運動という風に片付けるわけにはいかない。にもかかわらず、そのような目標を掲げた運動が、現実にはそれとは縁遠い結果に行き着いた。それはどうしてか――この問題を多面的に考え抜く必要がある。この問いに関しては、従来からさまざまな答え方があるが、それらを発想の型によって分けるなら、以下のような幾通りかのタイプが挙げられる。

一つには、掲げられた理想や期待がもともと非現実的だったのだという観点がある。この見地からいえば、そうした目標を追うこと自体が空しいものだったということになる。

第二に、本来の目標はよいものだったが、権力者が本来の目標を裏切り、当初の目標を真剣に追求しなかったとか、堕落したという解釈もある。これは、その目標をもっと真面目に追求すればよかったという考えになる。

第三に、第二の見方と同様、目標はよかったと考えた上で、「裏切り」とか「堕落」よりも、その実現にかかわる理論や政策における誤りや欠陥を重視する解釈もある。この場合には、理論および政策を——ある見方では部分的に、他の見方では根幹にさかのぼって——修正する必要があるということになる。

四番目の見方として、理論や政策における問題よりも、むしろ客観的な困難性を重視する解釈もある。この解釈に立つと、「客観的条件が厳しかったのだから、やむを得なかった」という正当化・弁護論が導かれやすいが、他面では、同様の客観的困難が続く限り、いつまでも理想は達成不可能という悲観的見方にも通じる。

最後に、五番目となるが、社会主義体制はある時期まではそれなりの成功をおさめたが、ある時期から反転して、成果をあげることができなくなった、という解釈もありうる。この議論はそれなりの成果をあげた局面に力点をおくなら一種の弁護論になる反面、成功の条件がなくなった後の局面を重視するなら、いずれは行き詰まるという否定的結論にもつながる。

いくつかのありうべき解釈の型を挙げたが、どれか一つが全面的に正しいとか間違っているというのではなく、それぞれに当たっている面と不十分な面とがあると考えるのが妥当だろう。ごく大まかにいうなら、それぞれについて、以下のような批評を加えることができる。

まず第一の「理想の非現実性」論についていえば、期待の内容をどこまで高く受けとるかによるだろう。社会主義思想には、人々の利害の完全な調和とか、自由・平等・友愛・効率・秩序などの望ましい価値の矛盾なき共存といったユートピア的想定が含まれていたが、そうした理想が完全に実現することはおよそありそうにないというのは、今では衆目の一致するところだろう。また一連の望ましい価値のうち、実際には平等だけが突出して重視されることで他の諸価値がないがしろにされたのではないか、そしてそれは結局のところ平等をも損なったのではないか、といった批判が古くより繰り返し提起されてきた。

確かに、極度に高い目標というものは、もともと達成できるはずがなく、そうしたものを追い求めること自体が空しい――あるいは、強いて追求しようとするなら、偽善的な結果をもたらしやすい――と言わねばならない。しかし、目標を大なり小なり緩和して、ほどほどの水準におき代えるなら、ある程度までは実現可能性があると考えることもできなくはない。心理学的にいえば、適度に高い目標は向上心を刺激するが、過度に高い目標はかえってやる気を失わせる。マルクスをはじめとする社会主義の古典的理論家たちの主張の中には、今日の眼からみれば過度に高くて非現実的な要素が含まれていたことは否みがたい。だが、それをより現実的方向に再解釈するならば、ある程度までは、今なお有効な思想たりうる面も見出せるかもしれない。

第二の「裏切り」「堕落」についていえば、そうした面が現実に多々あったことは明らかである。だが、この問題に過度にこだわるのは不毛と思われる。何らかの理想の実現を目指す思想とか運動というものは、必ずある程度の「堕落」や「逸脱」をはらむものであり、それを抜きにした「本来の理念」の純粋な実現を期待するのは非現実的である。むしろ、人間は堕落しやすいものだという認識を前提しつつ、その中で実行可能性の高い制度設計を目指すしかない。

第三に挙げた理論や戦略における誤りないし問題性はどうだろうか。マルクスやレーニンの理論や戦略・政策を「聖典」化することなく、批判的に再検討することの有意味性は、今では多くの人の認めるところである。特に重要な点として、経済面における市場の否定、政治面におけるリベラリズムの要素の欠落、将来社会に関する予定調和的な期待、歴史解釈における機械的法則論などといった問題が、これまでもしばしば指摘されてきた。これらの点について、「ネオ・マルクス派」（あるいは「ポスト・マルクス派」）を名のる人々がマルクスの古典にさかのぼって批判的検討を進めているのは理由のあることである。そのことを認めた上での話だが、そうした理論的作業だけですべてが解決するわけではないという点も、ここで確認しておきたい。一部のネオ・マルクス派の論客の議論のなかには、過度の理論重視という点で、悪しきマルクス主義の欠陥を引きずっているのではないかと感じさせられるところがある。理論的検討にはそれなりの意味があるが、それだけで自己完結するのではなく、他の要素と組み合わせて考える必要がある。

第四の「不利な客観情勢」論はどうかといえば、そうした面もあったということは確かだろう。ここでいう「客観情勢」には、ソ連の国際的孤立、ロシア社会の後進性、当時の国際政治における緊張激化等々が含まれる。こうした点を指摘することは、場合によっては弁護論に傾く可能性があるが、他面、客観的な困難性というものは完全になくすことはできないものだと考えるなら、目標の実現を――一時的ではなく恒常的に――制約することになる。そのことは第一の問題にはねかえり、極度に高い目標は非現実的だという結論を導く。

第五に挙げた「時代の変化」という要素も実際にあった。この点に注目するなら、社会主義がある時期まではそれなりの成果をあげるかに見え、諸外国にも大きな影響を及ぼしたことと、ある時期以降は閉塞感が強まったこととの双方を、ある程度まで説明することができるだろう。

以上では一般論的に考えてきたが、前節でとりあげた四つの期待に即して、より具体的に検討してみたい。

戦争と平和

先に述べたように、ロシア革命の重要な目標として、進行中の戦争を直ちにやめること、そして戦争のない世界をつくることが意識されていた。しかし、実際には、その後の世界は、直接間接に戦争の影のもとにあり続け、ソ連のおかれた国際的条件もそのことによって規定された。

革命政権は、ロシア革命の直後から、現に継続中だったドイツとの戦争にどう対処するかという問題につきまとわれた。一部には、「革命戦争」を唱える者もいた（「帝国主義戦争に終止符を打ったための戦争」という考え）。この論争自体は短期に決着が付き（ブレスト講和、その数ヵ月後のドイツ敗戦）、また英仏米日による干渉戦争も短期間に収束して、戦後の相対的安定期に移行した。しかし、レーニン、トロツキーらの期待していた「世界革命」は実現せず、一つの国家としてのソ連が敵対的な資本主義諸国に取り囲まれ、対峙するという構図が長期的に定着することになった。革命直後の干渉戦争の経験は、そのものとしては長続きしなかったとはいえ、ソヴェト政権にとって一種の原体験のような意味を持ち、いつ干渉戦が再来するかもしれないという不安と懸念は、その後長くこの国の政策およびその背後にある意識を刻印づけた。

これ以降、国際緊張と戦争の可能性が、度合いはともあれ、一貫してソ連外交の重要な条件であり続けた。そうした対外緊張が軍事産業優先、動員型経済システム、そして市民的自由の抑圧を正当化するとまで言えるかどうかは微妙な問題だが、ともかくそうした状況が生まれやすい重要な背景をなした。これは特に一九三〇年代の国際緊張の中で重要な意味を持った。

第二次世界大戦、とりわけその重要な局面をなす独ソ戦――ソ連にとっては「大祖国戦争」――は、膨大な犠牲を伴いながらもソ連の勝利に終わったが、そのことは、ソヴェト体制の優位性の宣伝、そして戦争指導の頂点に立ったスターリンの個人崇拝を絶頂に導いた。この戦争はソヴェト指導部が好んで引き起こしたものではなくナチ・ドイツによって仕掛けられたものだが、事後的には、それが勝利に終わったせいもあって、体制の正統性を支える要因と意識されるようになった。軍事工業主導の経済構造という要因とも相まって、恒常的対外緊張下の準戦時体制ともいうべき特徴は、その後も「現存した社会主義」を彩り続けることになった。

第二次大戦後、東欧諸国および中国の社会主義化により、戦間期のような「一国社会主義」に代わって、「社会主義陣営」なるものが成立した。とはいえ、冷戦期を通じて、「社会主義圏」は「自由主義圏」に対し軍事的・地政的に相対的劣位にあった。スターリンをはじめとするソ連指導部がそのことを押し隠すために虚勢を張って殊更な強硬姿勢をとったことは、ますます緊張を醸成する要因となった。

スターリン死後の「平和共存」のもとで、戦後初期に比べれば緊張の度合いが相対的に低下したが、その後も、両陣営対峙の構造自体は変わらず、核兵器を含む軍拡競争および「第三世界」への影響力浸透をめぐる米ソ競争が一貫して続いた。ある時期までは、米ソが対等――場合によってはソ連優位――という幻想をつくりだすことができたが、次第にその虚像を維持することは困難になっていった。

そうした中で登場したゴルバチョフは、ソ連経済が軍備拡張の負担にこれ以上耐え得ないことを明らかにしたが、そのことは、「二つの超大国」の関係が対称的ではなく、ソ連側が劣位にあることの事実上の承認を意味した。ゴルバチョフの「新思考外交」は、体面と威厳を保った退却を目指したが、途中でそれは総崩れに転化した。こうして冷戦終焉が「双方からの和解」として進行するのではなく、一方の側の全面勝利／他方の側の全面敗北という形をとったことが、一九九〇年代以降の「唯一の超大国」としてのアメリカ単独行動主義の前提条件を形づくることになった（詳しくは以下の各章で展開する）。

「ソヴェト民主主義」とその矛盾

今では、社会主義――特に「ソ連型」のそれ――を民主主義と正反対のものとする常識が、広く一般に根付いている。反共・反社会主義の立場に立つ人々がそのように唱え、その見解が世間全般に広まっていることはいうまでもないが、そればかりでなく、「ソ連の経験とは区別される、本来あるべき社会主義」を追求する立場の人たちも、「ソ連の例は非民主的だった」とあっさり結論し、それとは全く別のものとして「民主的な社会主義」を構想しようとしている。ということは、単純な反共主義者と「民主的な社会主義」を志向する人々とは、ソ連イメージに関する限り、ほぼ同様の観点に立っているということになる。

こうした見方は結論的には確かに当たっており、そのこと自体を否定することはできない。しかし、元来、ソヴェト型社会主義は、自己意識としては「ブルジョア民主主義よりも一層高度な民主主義」と想定されていた以上、それと裏腹の結果が生じたのはどうしてかという問題を、最初から答えの自明のものとしてではなく、探求すべき一つの問いとして立てる必要がある。その際、「ソヴェト民主主義」という目標が単純に放棄されたとか、「裏切られた」というのでは、歴史に即した理解にならない。むしろ、当事者の主観においてはそれなりに真剣にその目標が追求されながら、結果的にはおよそ民主主義と縁遠い現実が生じたのはどのようにしてか、という問いを立てる必要がある。

この問題を考える際に重要なのは、「民主主義」概念と「自由主義（リベラリズム）」概念の区別である。「民主主義」と「自由主義（リベラリズム）」は、現代日本の通俗的な用語法においては単純に並列されることもよくあり、あまり区別がはっきりしていないことも珍しくないが、理論的には明確に区別されるべきものである。この問題については第Ⅳ章でも取り上げることになるが、本章の議論にとって重要なのは、社会主義・共産主義はリベラリズムに対しては明確に否定的だった一方、民主主義に対しては否定的ではなく、それどころか自分たちの方こそが「本物の民主主義」だと考えていたということである。「ソヴェト民主主義」は「民主主義」一般に対抗したのではなく、「自由主義的民主主義（リベラル・デモクラシー）」に対抗したのである（彼らの言葉づかいでは、後者は「ブルジョア民主主義」と呼ばれた）。

現実には、そのような「ソヴェト民主主義」は、その意図にかかわらず空洞化し、結局は、およそ民主主義とは縁遠いところに行き着いた。それは単純に「民主主義」がお題目にとどまったというのではなく、「ブルジョア民主主義よりも高度な民主主義」を実現するために必要と考えられたメカニズム自体の中に、それを形骸化させる要素が潜んでいたという点が重要である。紙幅の関係で簡略な説明にとどまるが、いくつかの要因が挙げられる。ソヴェト（評議会）は民衆によって直接担われる権力機関として位置づけられていたが、そのような「民衆と権力の直接一体性」の観念のために、権力が大衆から乖離する可能性の意識が欠如し、権力分立論や抑制均衡論も否定され、権力統制メカニズムが欠如することになった。ソヴェト代議員は大衆と遊離するのを避けるため、職業議員とはならず、日常的な労働を続けながら代議員活動をするものとされたが、そのことは結局、ソヴェトの会期がごく短いものとなり、実質的討論をなしえない形骸的な存在に化す結果を招いた。共産党が「真理を体現する前衛党」と観念されたことが事実上の独裁を招いたことはいうまでもない(8)。

このようにして、結果的には、民主主義とは縁遠い現実が生じた。そのこと自体は今日では周知のところだが、同時に押さえておかなくてはならないのは、こうした結果が生じたのは、社会主義が最初から民主主義と完全に無縁だったからではなく、むしろ「民主主義」というものがしばしば自己否定的な結果に行き着くという逆説の一つのあらわれだとも捉えられるということである。民主主義というものは矛盾なき安定した存在ではなく、種々の矛盾に引き裂かれているということは、他の諸国の歴史からも明らかである。民主政治の基礎をなす大衆の政治参加は、あるときは形骸化して名ばかりのものとなるが、またあるときは、デマゴーグ的政治家によって巧妙に利用されて、「熱狂的な大衆的支持に依拠した独裁」を招くこともある。つまり、民主政治というものは一方における形骸化、他方における衆愚政治やポピュリズムという陥穽のあいだを縫って進まねばならないが、この微妙なバランスが崩れると、民主的ならざるものへと転化してしまう可能性を常にはらんでいる。

こうした事情を思い起こすなら、今日、「現存した社会主義」とは異なった形で「民主主義」を実践しようとしている諸国や政治運動もまた、場合によってはその目標と裏腹な現実に到達する可能性があるということに留意する必要がある。特に、制度としてのリベラル・デモクラシーが形骸化する可能性を批判的に指摘し、「より実質的な民主主義」を志向する立場は、その発想法においてかつての「ソヴェト民主主義」論と類似した要素を含むだけに、そのことを自覚する必要がある。今日、大多数の人々は「現存した社会主義」を最初から民主主義と異質なものとみなしがちだが、そのような安易な観点に立つと、自らもまた同じような陥穽に陥るかもしれないという反省が欠如することになる。

経済発展と停滞——特異な方式での「近代化」

「現存した社会主義」は一種独自の「近代化」——工業化・都市化・公教育普及——を推進した。一般に後発国が近代化を目指して西欧などの先発国を模倣すること、しかしその模倣は現実には全面的なものになりえず、種々の摩擦・抵抗・変形を伴うジグザグの道をたどること——ここまでは、ソ連に限らず、広く世界各地で見受けられる現象である（日本や東アジア諸国もその例にもれない）。しかし、ソ連においてはその近代化推進方法が特異であり、それと関連して、テンポの異様な速さ、コストやアンバランスの極度の大きさなどといった点に特殊性があった。

近代化推進方法の特異性に関していえば、資本主義的な近代化において主要な役割を演じるブルジョアジーおよびその関連制度――市場経済およびそれに適合的な法制度等――を排除し、それに代わって、党＝国家体制の主導する行政的＝指令的システムが主要な役割を演じた点が重要である。このことが政治面における自由の欠如をもたらしたという連関は、特に確認しておくに値する。経済面についていうなら、このシステムは、少数の重点的分野に資源を集中的に動員する上ではそれなりに有効性を発揮した。ある時期まで「ソ連型体制の優位性」が外部の人にまで信じられたのは、宣伝に幻惑されたという面もあるとはいえ、それだけに尽きるわけではない。急速な重工業化と都市化を実現し、そして何よりも総力戦としての独ソ戦に勝ち抜いたことは、このシステムが重点分野への資源の集中動員にかかわる限りでは実際にある種の有効性を発揮しうることを示したのである。

他面、そうした集中動員は、まさにその「成功」の裏面として、非重点分野における巨大な犠牲、コストを伴った。重工業に比して、農業や消費財生産が後回しにされ、そして何よりも、あまりにも大きな規模の人命が犠牲とされた。近代化がその成果と並んで種々の犠牲を伴い、アンバランスを含むということ自体は他の国にも共通することだが、それが上記の理由により極度に大きかったのは社会主義型の近代化の特徴といえるだろう。

こうして、ソ連型の近代化がその「成功」の中においても極度に大きな犠牲を伴ったことは明らかな事実である。もっとも、その当時においては、その犠牲を「やむを得ざるもの」として受けとめる心性《メンタリティ》が、当の犠牲をこうむらされた国民や、諸外国の必ずしも確信的共産主義者でない人々にまで分かちもたれていたということも、また歴史的事実である。このことは、近代化を「何が何でも遂行しなければならない至高の目標」とし、それに伴う犠牲は「やむを得ない」ものとして正当化する意識が一九－二〇世紀の大部分にわたって人類を強く捉えていたことのあらわれである。そして、ソ連の歴史はそのような心性を最も強烈に体現したという意味で、当時の世界全体を象徴する位置を占めている。

以上に述べたことは、一九三〇年代から第二次大戦を経て戦後復興期くらいまでの時期に主に当てはまるが、その後、事情は大きく変わった。社会・経済の仕組みが複雑化して、多様な分野へのきめ細かい対応が必要とされる度合が高まるにつれて、指令型経済は近代化推進力としての有効性を失っていった。その不適合性は末期に近づくほど大きくなった。一九五〇－六〇年代以降、種々の「社会主義改革」論が繰り返し提起され、とりわけ「市場メカニズムの導入」が叫ばれたが、それは最終的には成果を収めることができず、やがて「社会主義改革」ならぬ「脱社会主義」にとって代わられることになる（この点については次節以下で検討することになる）。

公正の約束と現実

社会主義がある時期まで多くの人に魅力的と映った一つの理由は、それが急速な生産力の向上を約束するだけでなく、同時に、その公正な分配を約束していたことによっていた。ある時期までは、社会主義にあまり好意的でない人たちのあいだでも、最低生活の保障や福祉の充実などは社会主義の得意領域とみなされていた。実際、公式の制度に関する限り、ソ連および東欧諸国の社会福祉はかなりの「先進性」を示したし、そのことが先進資本主義諸国における対抗的な福祉国家化を促したことも歴史的事実である。

その後、「現存した社会主義」が「平等」「公正」といった目標を達成せず、種々の不平等を含んでいたことが暴露され、いまでは周知の事実となった。だが、その不平等の構造については、あまりきちんと検討されていない。かつての虚像を単純に裏返したような形で、極端な不平等社会だったかに思いこまれていることも珍しくないが、それは正確ではない。

まず賃金格差についていうと、産業部門内の賃金格差は小さく、そのために生産性向上を刺激しないということがむしろ問題とされた。指導部は「均等主義（悪平等主義）」批判キャンペーンを繰り返し、「適正な格差」を付けようとしたが、その試みは往々にして空回りした。この点に注目する限り、「極端な不平等社会」とのイメージは当たらない。むしろ、後の体制転換と市場経済移行の過程で所得格差拡大が問題となり、今や強度の格差社会化が進行しつつある。

他面、産業部門間の格差は非常に大きかった。これは優先分野への資源の集中投入という指令経済の特徴の一つのあらわれである。重化学工業が優先されたのに対し、軽工業・食品工業・サーヴィス業などは低賃金に甘んじてきたが、これはこれらの分野の従業員に女性が多かったということとも関係している。社会主義は女性をフルタイムの職業に就けるという点ではある種の「先進性」を示したが、その経済的処遇においてはジェンダー差別を広汎に残していた。

もう一つ重要なのは、賃金以外の特権の存在である。賃金だけをみると格差が小さくても、むしろ貨幣外の諸利得が大きな意味をもっていたからである。但し、そうした特権は少数の人だけに集中されていたとは限らない。むしろ、かなり広い層にわたって「ささやかな特権」が分配されており、そうした「ささやかな特権」がコネによって交換され、指令経済の限界をある意味で補完した（「隠れた互酬」ともいうべき要素）。とはいえ、当然ながら、そうしたコネによる再分配が誰もに行き渡って平等を実現するという保証があったわけではない。

慢性的な労働力不足——これは「不足経済」の一つのあらわれである——の結果として、現場における労働規律強化策はしばしば空転した。その意味では、がんじがらめの規律社会ではなく、むしろ非常にだらしない社会だったというのが実情である。逆にいえば、そのような状態を克服するためには、規律の引き締めが必要となるが、それは草の根レヴェルで強い抵抗に出会うことになる。これは経済改革の困難性の一要因であり、今日の脱社会主義過程にまで尾を引いている。

ソ連・東欧諸国の社会福祉は、制度的に見る限りは、世界的にみて先駆的な充実を誇ったが、十分な経済的裏付けを欠いたため「絵に描いた餅」にとどまりがちだった。運用において多くの欠陥・歪曲――規則に反した不公正な割当など――をこうむっていたことは、いまでは広く知られている。ある意味では、公的制度面での充実が先行しすぎたために、それを実際に作動させることが困難になり、偽善的な運用実態を生んでしまったということもできる。そのことと関連して、体制転換後には、「過度の社会福祉充実の解体」が課題となるという特異な状況が生まれた(9)。かつての初期資本主義成立期においては、社会福祉制度が存在しない状態から出発して、経済発展後に社会福祉導入が問題になったが、今日の体制移行諸国ではそういう順序ではなく、まずもって「過度の社会福祉充実」の解体を迫られるという点にその特異性がある。しかし、それは既得権の剥奪であるため、抵抗が大きく、一直線には進み得ない。一例だが、二〇〇五年初頭のロシアで社会的弱者への特典現金化政策に対して大衆的規模の抵抗運動が広がったのは、体制転換後十数年を経てなお、この問題が未解決であることを示した。

この項目の最後に、民族間の格差についても一言だけ触れておこう。これも古典的帝国とは違い、ソ連では、「後進的」とみなされた諸民族の経済的・社会的近代化を政策的に促進して、格差を縮小するための政策がとられた。ところが、そうした政策が思わざる副産物として、かえって種々の新しい矛盾と紛争を引き起こし、最終的にはソ連体制の最大のアキレス腱ともなった。これはきわめて重要な問題だが、あまりにも複雑であるため、片手間で触れるのは適切でない。私はこれまでにいくつかの著作でこの問題を詳しく論じたことがあり、本書では、あえてこの点には立ち入らないことにする(10)。

複合的解釈の試み

以上、四つの課題に即して、革命に託された期待がその後どのような経過をたどったかを簡単に追ってきた。これを踏まえて、本節の冒頭で提起したいくつかの解釈の類型——高すぎる理想、「裏切り」と「堕落」、理論的問題性、客観情勢、時代の変化——に立ち戻ってみよう。全体としていえば、どの問題領域についても、単一の要因で決定されたというよりは、すべての要因が複合的に作用して最終的な幻滅に導いていったと見るのが妥当だろう。

もっとも、どの要因が相対的に大きいかは、個々の論点ごとに差異がある。たとえば、政治的自由の欠落に関しては、他の諸要因も関与しているとはいえ、古典的理論自体に内在していた問題性が大きいといわねばならない。また、「公正」の理念と現実については、もともとの目標が非現実的なまでに高すぎたことが「堕落」の要因を特に大きなものとしたといえるだろう。

これに対し、戦争と平和をめぐる問題に関しては、客観情勢の一つである諸外国の対応という要因を無視するわけにはいかない。戦間期でいえば英仏独および日本、そして第二次大戦後については何といってもアメリカの側の対ソ敵視政策がソ連を殊更に硬直した対応に追いやったという連関は、実際に大きなものがあった（もちろん、そうした「外から」の要因だけではなく、ソ連の側の対応が国際緊張の一因だったという面も見逃せないが）。

そして、経済発展についていえば、「時代の変化」という要因が当てはまる面が大きい。大まかにいって、一九三〇年代から戦時・戦後を経て五〇年代半ばくらいに至るまでは、いわゆる「粗放的発展」の時期であり、指令的システムがそれなりの有効性を示したが、その後、いわゆる「集約的発展」が要請されるようになってからは、指令的システムの限界性が露わになり、種々の経済改革論争を経て体制転換に至る。先に、社会主義のアピール力が高かった前半数十年とそれが減退した後半数十年という大まかな対比について述べたが（二三－二五頁）、この対比もいま述べた点と関係する。

こういうわけで、それぞれの論点ごとにいくらかの差異はあるが、上記の諸要因の複合が長期的に作用して、目標からの乖離を生み出していった。ある時期以降の社会主義諸国の現実は、もはや外部世界にとって魅力をもつ存在であることをやめ、むしろ沈滞と抑圧がその特徴とみられるようになっていた。国内的には、直ちに爆発寸前というような危機状態にあったわけではないが、それはあきらめムードでの消極的受容に過ぎなかった。その後のソ連・東欧圏崩壊の具体的展開は誰にも予想できなかったとはいえ、漠然たる「行き詰まり」と体制の内的な弱体化の感覚は、既に一九七〇年代から八〇年代にかけて、かなりの程度広まりつつあった。

この結論自体は、ありふれたものと映るかもしれない。だが、このような帰結を最初から明らかだったものとして片付けるのではなく、各種の要因の複合的産物として捉え、歴史をより深く掘り下げて理解することは、その後の過程を考える上でも重要な示唆を投げかける。その内容を敷衍することが以下の課題である。

4　矛盾をかかえながらの存続

前節では、社会主義の掲げた目標が実現されなかった理由について考えたが、「現存した社会主義」の基本性格を理解するためには、これだけでは不十分である。社会主義体制が種々の矛盾をはらみ、結果的にその目標を達成しえなかったということは今日では誰もの知るところとなっている。だが、その認識だけにとどまるのでは、「では、どうしてそのような体制が成立し、数十年の間、それなりに機能し、存続しえたのか」、「それどころか、ある時期にはさらなる発展可能性を見せ、他の多くの国々を引きつけるかもしれないと見られたのか」、「そうした発展可能性がだんだん衰え、国外に広くアピールする魅力が低下するようになってからも、国内において大衆的な反乱は滅多に起きず、体制がそれなりの安定を維持していたのはどうしてか」といった一連の問いに納得のいく回答を与えることができない。一つの答え方として、虚偽の宣伝が人々を幻惑していただけだという説明もあり、そうした見方が今日では有力なものになっている。だが、これでは、当時の人々は少数の先覚者を除いてみな馬鹿だったというような単純な話になってしまい、当時の歴史を内在的に理解することはできない。

矛盾の存在と崩壊の区別

確かに、「現存した社会主義」の末期に近い時期を取り上げるなら、ひたすら衰退のイメージが濃く、だからこそ、その最終的な終末は意外なほどあっけなかった。これはこれで確認に値することである（この点については第Ⅲ章で改めて考えることにする）。とはいえ、末期よりも前の時期にまでさかのぼっていうなら、社会主義体制が「資本主義に対する優越」を誇った時期もあった――そこに誇大宣伝が含まれていたのは事実だが、それがすべてではない――し、そうした幻想が薄れた後も、低い水準ながらそれなりの安定を保つことがかなりの期間できていた。矛盾と崩壊を一直線に結びつける思考法では、そのような数十年の歴史を理解することはできない。

社会主義が大きな矛盾をかかえていたのは事実だが、そこから直ちに「崩壊するしかない」という結論を導くのではなく、その諸矛盾が具体的にどのような形で展開したのかを、その長期的プロセスに即して考えなくては、その歴史を全体として理解することはできない。どのような社会もそれぞれに矛盾をかかえているものだが、その矛盾が必ず全面的に爆発し、社会システムの解体にまで行き着くという必然性があるわけではなく、矛盾をかかえながらもそれなりに何とか機能したり、ともかくも長期間存続するということは、よくあることである。資本主義にしたところで、「矛盾がないから勝利した」ということではなく、巨大な矛盾をかかえ、時期によっては危機的状態を経たりしながらも、しぶとい生命力を発揮して今日に至っていることを思えば、社会主義が矛盾をかかえていたから必然的に崩壊したなどというのは、あまりにも単純な歴史観である。

このように説くことは、何も、社会主義が生き延びることができたはずだとか、その方がよかったというような主張をするためではない。最終段階においては、全社会的に閉塞感が強まり、支配エリートさえもが体制護持の意欲を失い、ほとんど自壊ともいうべき症状を呈するに至ったことは紛れもない事実である。問題は、矛盾の有無と安定／崩壊を単純に対応させるのではなく、矛盾がありながらもそれが潜在的なものにとどまり、当分爆発はしないだろうという外観を呈していた時期から、それが急激に表面化し、ついには体制的危機にまで至るというダイナミックな変化のプロセスがあったということであり、その過程をより詳しく跡づける必要がある。最終局面については第Ⅲ章に譲るとして、ここでは、危機表面化以前の時期において、矛盾をかかえながらの存続・安定というものがどのようにして保証されていたのか、そしてそれがどのようにして限界に近づいていったのか、という問題について考えてみたい。

社会主義体制について今日一般に広まったイメージでは、矛盾の存在が必然的崩壊と一直線に結びつけられがちだということを述べてきたが、それは、「現存した社会主義」が意外に複雑な諸要素の複合体だったことが理解されず、いくつかの単純な教義や原則だけで全てが尽くされるかに思いこまれていることに由来する。つまり、社会主義体制とは、経済面でいえば中央集権型の指令経済、政治面でいえば自由と民主主義の否定と一党独裁であり、これが全てだというような単純なイメージである。そして、指令経済は非効率的なものであって、市場経済にはるかに劣るが故に、当然の結果として行き詰まるしかなかった、また政治面では暴力的抑圧だけがその体制を支えていたので、いったん自由化が進みはじめると、自由と民主主義を求める人々の運動によって打倒されざるを得なかった、というのが、大方のイメージとなっている。

だが、現実のソ連なり東欧諸国なりに存在していた社会は、このような図式的理解だけで片づけられるほど単純なものではなかった。以下、経済面・政治面・社会面に分けてみてみよう。

経済面——事実上の混合制

中央集権的な指令だけで複雑な経済を動かすことができないという指摘は、今日の社会主義批判の通り相場となっている。その指摘自体は当たっているが、実は、当事者自身もそのことを経験的に察知しなかったわけではない。革命直後の「戦時共産主義」や一九三〇年代初頭のユートピア的な貨幣死滅論は、いずれもごく短期間のうちに行き詰まり、貨幣の必要性が再認識されるに至った。貨幣が存続するということは、それに伴って、種々の市場的カテゴリー（価格・利子・税金・契約等々）も何らかの形で存続し、試行錯誤的・場当たり的にではあるが、指令型の経済を補完するメカニズムとして機能するようになったということである。そこにおいては、中央集権的な指令の硬直性を補完するメカニズムが、「隠れた市場」ともいうべき形で動いていた（その一部は「コルホーズ市場」という形で公認され、他の部分はいわゆるヤミ市場の形をとった）。その他に、ここでは詳しく立ち入れないが「隠れた互酬」――経済主体間のコネによる駆け引きと相互補完関係――も大きな役割を果たしていた。もっとも、これらはあくまでも従属的要素にとどまり、自立的に機能するものとしての市場メカニズムではなかった（これを「受動的貨幣」という用語で表現する論者もいる）。いわば「不完全な市場的カテゴリーを組み込んだ指令経済」ともいうべき構造が、「現存した社会主義」の経済面での実態だったのである。

もし社会主義経済が純然たる指令のみからなっていたなら、ごく短期間しか存続しえなかっただろう。これに対して、いま述べたような補足的要素を組み込んだ指令経済は、それなりに実効的だったばかりか、ある条件下では、一定の有利性を発揮することもあった。というのも、前節でも触れたように、特定の優先目標への資源の集中動員が主要課題である限りにおいては、指令経済はそれなりの利点を示す面があるからである。特に近代化の初歩的な段階とか、戦時期とか、戦後復興期とかのように、経済構造が比較的シンプルで、優先的な目標を特定しやすい段階では、その実効性が発揮されやすかった。具体的には、一九三〇年代から大戦を経て五〇年代くらいまでの時期に、このことが当てはまる。言い換えれば、いわゆる「重厚長大」産業を中心に、量的指標に力点をおいた経済成長が追求された局面でもある。

一九二九年の大恐慌を皮切りとする三〇年代の大不況の時期には、全世界的に市場経済への信頼が揺らぎ、社会主義を信奉しない人たちのあいだでさえも「計画経済」の影響が広がった。三〇年代から戦後初期にかけて、資本主義世界でも計画経済の要素を取り入れようとする気運があったことはその雄弁な証拠である。ファシズム、ニューディール、福祉国家は、それぞれに異なった形においてではあるが、いずれも社会主義の衝撃を吸収しようとする試みという性格を帯びていた。その意味で、当時における社会主義の影響はきわめて大きかったのであり、そのことにはそれなりの時代的背景があった。ついでに議論を先走らせると、この時期に揺らいだ市場経済への信頼は、八〇年代までに回復し、その後は、むしろ「市場経済の優越性」という見解が世界中を捉えたが、近年にいたって再び動揺しつつある（但し、市場経済の全面放棄を展望させるほどの大動揺というよりは、その部分的な補完の必要性を感じさせるという意味での、いわば「過信の失墜」だが）。このように見ると、数十年という長期的な単位での波動があるようにも見えるが、この問題には第Ⅳ章で立ち戻ることにしよう。

ナチ・ドイツという強大な国との戦争をソ連が勝ち抜いたとき、社会主義の影響力はさらに増大した。ソ連の戦勝は、英米などとの「大連合」のおかげでもあったし、極度に大きな人的・物的被害を伴う「惨勝」だったが、それにしても戦争を勝ち抜くのに必要な経済力および資源動員能力を社会主義がそなえていることを示した。このことの意味は、第一次大戦時に同じくドイツと戦っている最中にロシア帝国が戦時動員の重みに耐えかねて崩壊したこととの対比で考えれば明瞭である。

戦後、「ソ連圏」は地理的にも拡大し、国際政治における地位を向上させた。戦後復興も、量的指標でみる限りはかなり速いペースで進み、指令システムによる資源の集中投入がそれなりの成果をあげることを示した。特に国威を発揚させたのは宇宙開発の進展である。人類最初の人工衛星「スプートニク」の打ち上げ成功（一九五七年）は、アメリカ合衆国に「真珠湾以上の衝撃」といわれるショックを与えた(11)。一九六一年には、これも世界初の有人宇宙飛行（ユーリー・ガガーリン飛行士）が成功した。こうした「成功」はかなり無理をしたものであり、実情からいえばソ連がアメリカよりも優位に立ったとは言えないが、現にこのような「成果」をあげたことは、多くの人々の目に映るソ連の印象を強烈なものとした。

こうして、一九五〇年代ないし六〇年代初頭くらいまでは、社会主義の影響力は世界的にみてかなり強く、「歴史は社会主義に味方している」という考えは、それほど突飛なものではなかった。「東風が西風を圧倒する」という毛沢東の言葉（一九五七年）は一種の強がりであって、文字通りに受け取れないのはいうまでもないが、当時の状況では、必ずしも空疎な政治的プロパガンダとばかりは言い切れないという受けとめ方がかなりあった。とはいえ、指令型経済システムの実効性が無制約のものでなかったことはいうまでもない。その不適合性は、社会・経済構造が複雑化し、より高度な調整機能が必要とされるようになる一九六〇年代頃から、徐々に明らかになりつつあった。

一九七〇年代の石油危機に際して、欧米諸国および日本は石油節約の必要性から新たな技術革新を迫られ、経済体質を大きく変えたが、社会主義諸国では、ソ連が大産油国だった上に、国内価格が国際価格から分断されていたため、石油大量消費型の経済体質が持続し、技術革新に大きく立ち遅れることとなった。もともと社会主義経済体制は各種の非効率性をはらむとはいえ、いくつかの戦略的分野では集中的な開発投資が行なわれ、科学技術進歩においてもそれなりの達成を示していたが、七〇年代の欧米における新しい科学技術進歩の時代に決定的な立ち遅れを経験し、そのことが後の体制崩壊の重要な要因となった。もっとも、産油国たるソ連は国際石油価格上昇に助けられて、まだしばらくはその経済困難を糊塗することができており、「崩壊寸前」的状況にあったわけではない。

こういうわけで、種々の矛盾をはらみながらも、それを露呈させずにすみ、表面的な「安定」を享受していたのが、ゴルバチョフ登場前夜のソ連だった。

政治面——隠れた「参加」の要素

社会主義体制といえば、がんじがらめの統制ということがすぐ想起される。「全体主義」という言葉がそれを象徴する。社会のすみずみにまで触手を伸ばし、あらゆる人々の生活全般を規制する全能の権力、というイメージである。社会主義政治体制の表向きの特徴がそのようなものだったことは確かであり、そのことは、今日では改めて確認するまでもない常識となっている。しかし、そうした

「常識」に欠け落ちているのは、そのような表向きの特徴がどこまで具体的な現実と合致していたののかという問いである。実際問題として、社会のすみずみまでをくまなく統制するという課題は、限られた能力と資源の制約下にある官僚制にとって過大な要求を課するものであり、建前と実態のあいだには大きな落差があった。スターリン時代の大量テロルは、そうした落差を埋めるための発作的な試みだったと見ることができる。そして、スターリン死後とりわけブレジネフ期ともなると、建前と実態の落差は事実上黙認されるようにさえなっていった。

このように述べるからといって、国家権力による統制とか暴力的抑圧といった側面がなかったというわけではない。それらは紛れもなく実在した。ただ、それはしばしば思い描かれがちなように、ありとあらゆる局面を捉えたわけではない。むしろ、捉えきれない部分が大きいからこそ、たまたま目についた部分や突出した部分に対して狙い打ち的に厳しい抑圧措置がとられたのである。そのような抑圧措置が、その他の人々に対して「見せしめ」的な意味をもち、人々の自発的行動を萎縮させる効果をもったのは明らかである。だが、他面では、どのような行為が「見せしめ」の対象となるかを観察していくうちに、多くの人は統制や抑圧をかいくぐるにはどのように振る舞えばよいかを経験的に察知するようになっていく。「かいくぐる」「目を盗む」「ごまかす」といった行動を重ねる中で、人々は単に抑圧を免れるだけでなく、あれこれの仕方で自己利益の実現を図る術をも習得していく。そのような面があったからこそ、この体制はある時期まで大規模な大衆反乱を招くことなく、外観的な安定を保つことができていたのである（コラム②参照）。

ソヴェト政治体制のもとでの大衆の自己利益実現には、いくつかのルートがあった。一つには、もともと「ソヴェト民主主義」の建前があり、リベラリズムから切り離された意味での「参加」は大いに奨励されていたが、大衆はそれを逆用することができた。ソヴェト体制における「参加」は実質的意味を欠いた単なる「動員」だったという指摘は大きな意味では一応正しいが、そのような「消極的参加」のルートを利用して個別利益の表出や実現を図る道は、完全に閉ざされていたわけではない。

たとえば、さまざまな組織の構成員になるという形での参加についていえば、共産党員の規模は一九八〇年に一七〇〇万人に達した。その他、コムソモール（八五年に四二〇〇万人、一五－二三歳の適格年齢者の三分の二）、各級ソヴェト代議員（地方ソヴェト代議員総数は約二五〇万人だが、更新度が高いので、代議員経験者の累計はその数倍の人数になる）、労働組合（八〇年代に一億四〇〇〇万人、組織率九八－九九％）、等々の諸組織があった。いずれもきわめて人数が多いということは、多数の市民をともかくも参加させたということになる。

もちろん、これらの組織の構成員になることの意味は、多くの場合、ごく形式的なものにすぎず、平のメンバーが上部に及ぼし得る影響は限られたものだった。だが、ともかく組織への参加を通して、非公開の内部情報を入手したり、幹部とコネを築いたり、組織内のルートを通じて上部に提案をしたりできるという面があった（組織内限定情報の顕著な例として、スターリン批判秘密報告が党員・コムソモー

コラム②　社会主義圏における大衆反乱

社会主義圏に大衆反乱が無縁だったわけではない。中東欧諸国，とりわけポーランドでは何度も大衆反乱が繰り返された（1956，68，70，76，80－81年など）。その他，ハンガリーでは56年，チェコスロヴァキアでは68年に大規模な大衆運動があった。東ドイツでも53年に大衆反乱があった。

これらのうち特に大衆運動が強力だったのはポーランドだが，これはポーランドのいくつかの特殊事情によるところが大きい。歴史的経緯からする反ロシア意識の強さ（18世紀末のポーランド分割時に最大の中心部分をロシア帝国に併合された），社会主義化過程のあからさまな外発性，戦中から戦後にかけてのカティン事件やワルシャワ蜂起といった諸事件，体制への対抗的団結の主柱たり得る自立的組織としてのカトリック教会の存在などである。

中東欧諸国の社会主義化過程があからさまに外発的だったのに対し，ソ連では社会主義化が内発的だったせいもあり，大規模な大衆反乱は比較的少なかった。それでもフルシチョフ期にはいくつかの例（1956年トビリシ，62年ノヴォチェルカッスクなどの例が有名）が知られているが，ブレジネフ期になると一段と減少した(12)。

ル員集会で読み上げられたことに関し、後出のコラム③参照)。組織内ルートでの提案の大半は小さな個別問題にかかわるものだが、当事者にとっては「参加」の実感を与えただろうし、ごく稀には、より大胆な提案(端的には、複数政党制導入とか、ブレジネフへの辞任提案など)をする者もいたことが後に明らかにされている(13)。

もう一つの重要なルートは投書——各種新聞に対してと党機関・国家機関に対してが主な宛先——である。もちろん、体制の根幹にかかわる批判が聞き届けられることはありえなかったが、個別の不正を摘発する投書はしばしば有効だった。体制の論理を前提しても逸脱とみなされるような行動を中下級官僚がとった場合、裁判や行政不服処理などといったルートもあったが、官僚や地域ボスは相互に癒着していることが多いので、それらはあまり有効に機能しなかった。投書による上訴が多かったのはそのことへの代替物という意味をもっていた。また、不正摘発だけでなく、日常生活で困っていることについての相談とか、各種の要望、提案などを含む場合もあり、これらも体制の根幹にかかわる批判を含まない限りでは耳を傾けられ、可能であれば聞き届けられた。このように、個別の不満・悩み事・意見表明などの手段として、投書は実質的に機能することがよくあった。そのような有効性が広く知られていたため、投書の量は非常に多かった。大新聞は毎年、一紙につき数十万、全部ではおそらく数千万の投書を受け取っていた。

これまでみたのは、どれもソ連の政治制度で認められていた公式のルートによる参加である。これらは、通常無意味とされがちだが、それでも場合によっては有意味になることがなくはないということを指摘してきたわけだが、概していえば意義が限定されていたことは否めない。これに対し、非公式な手段による参加というものもあり、それはもっと広範囲にわたっていた。中でも最も重要なのは、コネおよびそれを通して形成される人脈の利用である。これを、「隠れた参加」と見る捉え方もある。また、「第二経済」になぞらえて、「第二の社会」とか「第二の政治」があったという指摘もある。

ここで、ソヴェト社会におけるコネと人脈の意義について補足しておきたい。建前通りの平等社会ではなく、地位と関係した特権が大きな役割を演じた社会だったことはよく知られているが、その「特権」は最上層の人だけに集中していたわけでなく、各層の人々に少しずつ分散してもいた（たとえば商店の売り子は、社会的地位も賃金も低いが、不足物資を隠匿し、横流しできるという「特権」をもっていた）。そこで、市民は各自のもっているささやかな「特権」をコネによって融通しあうことができた。こうしたインフォーマルな行動様式によって、各人は、公式の制度だけでは満足させることのできない自己の個別的利害をある程度満足させることができた（不足物資の裏ルートでの入手、住宅割当、非公開情報の流通、徴兵のがれ、割りのよい就職先確保等々である）。

以上にあげた諸形態での「参加」よりももっと尖鋭な不満の表出としては、ストライキや暴動もあった。これらについては、当時は情報が公開されなかったので、実態がつかみにくかったが、しばしば欧米に情報が洩れ伝わり、いくつかの例が当時から知られていた。ソ連解体後はより多くの事例が知られるようになっている。ストや暴動が起きた場合、その首謀者への弾圧が行なわれたのはいうまでもないが、それと同時に、そうした事態を招いた責任者（人気の悪い企業管理者・地方指導者など）が更迭されたり、懐柔策（不足がちな消費財供給など）もとられた。その意味では、ストや暴動は不満の表出手段としてある程度まで有効な側面もあった。

以上、いくつかの類型に分けてみてきたが、このようにみるなら、ソ連における市民の政治参加はもちろん限られたものだが、それでも皆無ではなく、多様な形態があったことが分かる。

社会面――特異な社会契約

遠くから見ると硬直したイデオロギーと強度の統制のみから成り立っているように見えた社会主義体制も、その中に生きていた人々にとっては、公的建前や制度を与件とした上で、それに同調したり、それを利用したり、網をすり抜けたり、等々の行動様式を身につけさせるものだった。そうした行動様式は、一種独自な文化としての「現存した社会主義」と呼ぶことができる(14)。

確かに、公的場面で繰り返し唱えられる体制イデオロギーやスローガンを正面から否定することは、大多数の人にとって思いもよらないことであり、確信をもった反体制思想の持ち主――ソルジェニツィンのような――はごく少数だった。これは、単に脅迫によってイデオロギーの受容を強いられていたというだけでなく、社会主義イデオロギーのもつ理想主義的性格が、「建前としては結構なことだ」

という感覚を大多数の人にもたせていたためでもあった。しかし、そうした建前と現実のあいだの距離の大きさもまた自明であり、その距離をどのように見積もり、それにどのように対処するかは、それぞれの個人およびそのときどきの状況によって異なった。イデオロギーや儀礼は、単純に重苦しい「虚偽」として捉えられていたわけでもなければ、かといってそのまま現実と等置されていたわけでもなく、ある場面では尊重するのが当然だが、他の場面では多様な解釈や適用によってすり抜けられるものとして受けとめられていたのである。ソヴェト社会は、事後的にはもっぱら「悪」「非道徳」として描かれ、抑圧vs自由、公式文化vs対抗文化、真実vs虚偽、道徳vs腐敗等々といった二元論的な図式での把握が優越するようになったが、当時の人々の意識に内在するなら、強制や疎外と理想や尊厳は分かちがたく結びついていたのであり、それを捉えるためには、公式と非公式とか、国家と人民とかいった二元論を超えた理解が必要とされる(15)。

この関連で特に重要なのが、一種独自な「社会契約」の存在である。イデオロギーによる大衆の掌握は長期的に衰退していったが、そうした中で、後期の社会主義とりわけブレジネフ政権は、国民の受動的黙従を消費主義的に買い取る方向に進んだ。経済が成長しているあいだは——成長率の長期的鈍化や品質の問題などをかかえながらではあるが——ともかくある程度の生活改善によってこれを達成することができた。この点に注目するなら、政権と国民のあいだにある種の「社会契約」があったとする見方が成り立つ。つまり、政権は国民に最低限の生活保障およびその水準の漸次的向上を約束し、国民はそれと引き換えに政権への黙従を約束するという「契約」が暗黙裡に成り立っているということである（これはソ連内部の見方ではなく、当時のアメリカのソ連政治研究者たちによって提示された見方である(16)）。

当時のソ連が政治的安定を誇っていたのはＫＧＢ（国家保安委員会）による統制の緻密化による面があるにしても、それだけですべてが説明できるわけではなく、こうした「社会契約」がそれなりの安定を保証した側面を見落とすことはできない。後のソ連解体前後の時期には、社会意識が急激に変動し、「もともと国民と権力のあいだに合意や契約など一切なかった、国民はただひたすら暴力的に抑圧されていたのだ」という考えが広まるようになる。だが、それは一面的であり、当時においてはそれなりの統合があったとみる方が歴史解釈としては妥当である。国民の体制への統合や不満の度合について精密に測定するのは至難だが、一つの貴重な材料として、一九七〇年代末にソ連を捨ててアメリカに出国した人々を対象とした大規模な社会学調査がある。それによれば、国を捨てて出国した人たちのあいだでさえ、ソヴェト体制への評価は全面的に否定的なものばかりではなかったことが示されている。特に、無料の医療・教育などについては評価が高く、また大規模重工業企業などについては国有化を是とする考えがかなり広まっていた(17)。

もっとも、この「社会契約」がいくつかの重大な弱点をかかえていたことも見落とすことはできない。もともと大衆の側における各種の不満の存在を前提した慰撫に過ぎなかったから、それほど積極的な統合ではなかった。不満の要因として、政治的自由の欠如はいうまでもない。生活水準向上にしても、量的にはともかく消費財の品質・ヴァラエティーの面で大きな限界をかかえていた。こうした限界に由来する不満は、国民が過去（戦時中の極度の窮乏）との比較を意識しているあいだは目立たなかったが、経済復興が進んで最低水準を越えた欲求をもつようになり、また欧米諸国との比較を意識するようになると、とめようもなく拡大した。先進資本主義諸国とのあいだの情報流通は、もちろん党・国家の統制下におかれていたが、ポスト・スターリン期になるとかつてほど強い抑圧手段をとれなくなり、またデタント政策遂行上の必要もあって、ある程度統制をゆるめざるを得なかったが、その結果、徐々に流入した外部世界に関する情報は国民のあいだに「西側」への憧れを広め、体制への不満を昂進させた。

さらに、経済が成長し続けなければ、国防工業の維持・拡大と消費生活水準の向上を両立させることはできないが、一九七〇年代に徐々に進行した成長率の低下は、「大砲もバターも」という欲張った目標の実現を次第に困難なものとしつつあり、政権が「社会契約」をどこまで履行できるかに疑問がつのりつつあった。イデオロギー的動員が脆くなっていた状況のもとでは、これは政権の正統性を揺るがせかねない深刻な問題だった。

もっとも、先に触れたように、産油国であるソ連は一九七〇年代の国際的な石油価格上昇によって大きな経済的利益を獲得することができ、そのおかげで、長期的経済衰退の趨勢を蔽い隠すことができた。その結果、ソヴェト版「社会契約」は、ぎりぎりいっぱいブレジネフ末期あたりまでは、まだ何とか機能することができた。これが非常に脆いものだったことは、一九八〇年代半ばの石油価格低下を契機に表面化した。このことは、ペレストロイカ以降に体制があれほども脆く崩れたことの背景をなす。社会契約がいっさい欠如していて一貫して崩壊に瀕していたということではなく、ある時期に成り立っていた社会契約が次第に掘り崩され、末期には非常に脆くなっていたということである。

5 「社会主義改革」論の歴史

前節では、「現存した社会主義」が各種の矛盾をかかえながらも、だからといってひたすら崩壊への道をひた走っていたというのではなく、「矛盾をかかえながらの存続」ともいうべき状態をかなりの期間続けてきたことを述べた。その上で、次に問題になるのは、社会主義体制の矛盾に関する自己認識がどのようにして芽生え、各種の改革論がどのような軌跡をたどってきたかということである。これ自体、かなり長い経緯があるので、その歴史的経過を追う必要がある。詳しい歴史研究が本書の課題ではないので、あまり細部にまで立ち入ることはできないが、とにかくそうした過程を大づかみに把握しておくことが、最終段階での急激な転換を理解する上での前提条件となる。

スターリン批判と国際共産主義運動の多元化

まず、何といっても最大の画期となったのは、第二〇回ソ連共産党大会におけるスターリン批判である。一九五六年二月二五日、大会の主要議事がすべて終わった後の最終日に開かれた非公開会議においてフルシチョフ第一書記が行なった、いわゆる「スターリン批判秘密報告」である。

この報告における批判の趣旨は、スターリンの「個人崇拝」という点に集約され、体制そのものに切り込むものではなかった。その意味での限界性は否定すべくもない。とはいえ、直前まで神格化されていた指導者の権威を引きずりおろしたことの衝撃は、当時としてはきわめて大きなものがあった。フルシチョフの思惑が限定的なものだったとしても、それを超えてソヴェト体制への批判に進んだり、局所的には暴動的な出来事が引き起こされる例もあった。ソ連以外の諸国での議論の中には、ソ連国内よりももっとラディカルな体制批判に進もうとする動きも多かった。こういうわけで、フルシチョフ報告それ自体の内容の限定性にもかかわらず、それをはるかに超える大きなうねりが生まれる契機となったという意味で、その歴史的意義は大きい（コラム③参照）。

なお、第二〇回ソ連共産党大会から五年後の第二二回大会（一九六一年）では第二次スターリン批判が行なわれ、これはその後しばらくのあいだ、ソ連の言論界を活性化させるきっかけとなった。この時期の比較的自由な雰囲気を若い時期に吸収した世代は「六〇年代人」と呼ばれ、二十数年後のペレストロイカのなかで改革運動の前面に立ち現われるようになる。

コラム③ 1956年スターリン批判の影響

いわゆる「秘密報告」のテキストは元来非公開だったが，まもなく全国の共産党員・コムソモール員および非党員活動家たちの集会で読み上げられた――文書そのものは回収された――ため，かなり広汎に知れわたることとなった。外国に対しても種々のルートから少しずつ洩れ，欧米諸国では3月中旬から種々の推測を交えた報道が流れていたが，決定的には6月4日，アメリカ国務省が入手したテキストの英訳版が公表されて，世界中に巨大な衝撃を与えた（ソ連で正式にロシア語テキストが公表されたのはゴルバチョフ期の1989年)。

このようにスターリン批判が知れわたるようになる中で，各国の共産党はそれぞれに対応を迫られた。中国共産党がスターリン批判の意義を努めて限定的なものにとどめようとしたのに対し，イタリア共産党などでは，より広い角度からの批判作業が提唱されたりして，マルクス主義者たちのあいだでの見解の分岐が進行した。スターリン批判――およびそれにすぐ続いたハンガリー事件――の衝撃を受けたのは，共産党員ないし狭義のマルクス主義者だけではなく，世界各国の広義の「進歩派」はそれぞれに異なった形でこの衝撃を受けとめた。いわゆる「新左翼」が登場したり，欧米諸国におけるマルクス主義ルネサンス等々が進んだのもこれを契機としている。

ついでにいえば，今から数年前に，スターリン批判（1956年）から半世紀という記念すべき年が来たとき，日本のマスコミ・言論界はそのことをほとんど記念することがなかった。スターリンのもとで形成されたソ連型の社会主義の欠陥が認識され，その改革の必要性が叫ばれはじめたのは最近のことではなく，半世紀も前のことだという事実は，社会思想史の見地から言えば重要な意味をもっているはずだが，日本の言論界はそれを完全に素通りしたわけである(18)。

東欧諸国では、ソ連のスターリン批判にやや先だって、スターリン死去（一九五三年三月）直後から、一部で暴動が起きたり（東ドイツ、チェコスロヴァキアなど）、各種の政策転換を唱える声が現われはじめていた。そうした中で、一九五六年にソ連共産党自身がスターリン批判に踏み切ったというニュースはより大きな刺激となり、特にハンガリーとポーランドでは、改革を求める大衆運動のうねりが同じ年のうちに高まった。ハンガリーにはソ連軍が介入し、大量流血という悲劇的な結末に至ったが、ポーランドではソ連が軍事介入を思いとどまり、「改革派」の代表と見なされたゴムウカが政権の座についた。もっとも、その後の経過を見ると、ゴムウカが期待されたほどの大胆な改革を実施しなかったのに対し、軍事介入という悲劇を経験したハンガリーの方が、目立たない形での自由化と改革を徐々に進めるという皮肉な対比があった。

もう一つの要因として、この頃から中ソの分岐が拡大し、一九六〇年代初頭に中ソ論争が公然化した点も重要である。国際共産主義運動は、それまでも秘かな亀裂をかかえていたとはいえ、表向きは「一枚岩」の団結を誇ってきた。しかし、二つの巨大な社会主義国たるソ連と中国が公然と論争を展開するに及んで、「団結」のほころびはもはや取り繕いようもなくなった。世界各国の共産党は、ソ連派・中国派・自主独立派などと分かれ、国際共産主義運動の多元化が明白になった。そうした中で、西欧諸国や日本でも、マルクス主義・社会主義をソ連の正統教義にとらわれることなく、種々の新しい観点から検討し直そうとする動き――いわばマルクス主義ルネサンス――が広がった。こういうわけで、スターリン批判後の各種の社会主義改革論は数十年にも及ぶ歴史をもっている。また、これ以降の時期の西欧・日本に見られた社会主義の影響は、単純にソ連体制の美化とか模倣とかに尽きるものではなく、むしろ「非ソ連型」の模索を含む幅広い性格をもっていた。

各種改革論の展開

これ以降のソ連・東欧諸国では、政治面でも経済面でも、「社会主義再生」を目指して種々の改革が唱えられ、ある程度は実際にも試みられた。

一部の東欧諸国では、経済面を中心とする改革論争がソ連以上に活発に展開された。代表的な経済学者として、ポーランドのランゲ、ブルス、チェコスロヴァキアのシーク、ハンガリーのコルナイなどの名が挙げられる。ユーゴスラヴィアでも、労働者自主管理に市場導入を組み合わせる発想が広まった。代表的な論者の一人であるポーランドのブルス（後に出国した）は、これまでの社会主義経済を「集権化モデル」と特徴づけ、これに「分権化モデル」への移行を対置した。この「分権化モデル」においては、企業の活動は国家の指令から解放されて自由化されるので、企業間の活動の調整は市場に委ねられることになる。といっても、国家的計画を放棄するわけではないが、計画達成の梃子としては、企業への義務的指令ではなく、財政・金融政策を通じた誘導が重視された（「指令的計画化」に対置される「誘導的計画化」）。そのような間接的な手法であれ「計画経済」を想定しており、主たる生産手段の所有は国有のままにとどまるものとされていたから、これは社会主義の否定ではなく、市場と社会主義の結合という考えであり、「市場社会主義（market socialism）」論などと呼ばれた。

こうして、一九六〇年代を通じて、経済改革の進め方をめぐり活発な議論がかわされた——七〇年代には、活発度は落ちたが一応議論は継続し、八〇年代の再興につながった——が、現実の経済改革は、理論よりはるかに不徹底だった。最も徹底しようと試みたのは一九六八年のチェコスロヴァキアと同年のハンガリーの二国である。前者は軍事介入により中断を余儀なくされたが、後者は、当時の状況の中では最もラディカルな実験をともかくも実践に移すことができた（コラム④参照）。

しかし、そうした刷新にかけられた期待は、次第に落胆にとって代わられた。一九五六年のハンガリー、六八年のチェコスロヴァキア、七九年以降のアフガニスタン、八一年のポーランドという一連の軍事介入事件（ポーランドはソ連軍ではなく自国軍による戒厳令だが）は、ソ連の国際的威信を大きく引き下げた。中でも、最も大規模で本格的な体制内改革という性格をもっていた六八年チェコスロヴァキアの挫折は、「社会主義の改革」という期待そのものへの幻滅を招き、「人間の顔をした社会主義」への願望はそもそも空しいのではないかというペシミズムを広めた。ソ連・東欧とは異なった道を歩むかに見えた中国の「プロレタリア文化大革命」は、外部の一部の人には熱狂を、他の人には強い反撥を呼び起こし、社会主義観の分裂を深めたが、毛沢東死後の中国は、もはや「ソ連型と異なる、新しい社会主義のモデル」を提起するよりもむしろ資本主義諸国の模倣を通じた経済発展を志向する

コラム④　1968年のチェコスロヴァキアとハンガリー

1968年のチェコスロヴァキアで高まった社会主義改革の動きは，戦後東欧諸国の一連の改革運動の中でも最も広範囲にわたる試みだった。当初は，共産党指導部の交代（ノヴォトニー書記長からドゥプチェクへ）に伴う「上から」の整然たる動きであり，党の行動綱領に象徴される，党主導の改革だった。とはいえ，検閲が弱められた結果，上層部の思惑にとどまらない多様な改革論が噴出し，党上層部以外の社会諸勢力も次第に活発な動きをみせるようになった。共産党から自立した独立的な政治団体もいくつか登場した。

この改革運動の全体としての性格は，「人間の顔をした社会主義」というスローガンに集約される。その基調にあったのは，社会主義というシンボルそのものは肯定的に捉えるが，これまであったような社会主義ではないものを目指す，という考えである。既存のものと異なるとはいえ，「社会主義」を目標に掲げている点は，後の脱社会主義（1989－90年）との大きな違いである。関連して，知識人主導という性格も顕著であり，理想主義的な理念に鼓舞された運動という性格が濃かった。

同じく1968年に始まるハンガリーの改革は，チェコスロヴァキアの改革が軍事的に圧殺されるのを横目でにらみながらの改革であるため，政治面では慎重だったが，経済改革としては当時のソ連・東欧圏の中で最もラディカルな改革の試みがなされた。国有企業に対する義務的指標の全廃，価格の部分的自由化などが進められた。もっとも，後に「改革の停滞」が指摘されるようになり，80年代の再改革の中では，市場メカニズムの部分的利用という発想自体に限界があるのではないかとの批判にさらされるようにもなるが，そのような議論を生み出す前提を創り出したという意味でも，この実験の歴史的意義は大きい。

ようになった。

こうしたなかで、かつては経済成長促進に有利とみなされていた計画経済（指令経済）が次第にその限界を露呈した。指令経済を中核とし補足的に市場や互酬を組み込む体制の限界性は、戦後復興の完了と社会経済構造の複雑化という局面を迎えるなかで次第に明らかなものとなっていった。国によっても差があるが、工業化・都市化・公教育普及という意味での近代化の度合いが相対的に高かった中欧諸国（ポーランド、チェコスロヴァキア、ハンガリー、東ドイツ）などでは、相対的に早い時期に指令経済の限界性が表面化した。また、いわゆる「社会主義圏」の外でも、発展途上国の開発モデルとして、ソ連の影響を受けた「計画型」諸国と欧米の経済圏に組み込まれた「市場型」諸国とでは、後者の方が成長度の高い例が次第に増大するようになった。ＮＩＥＳ（新興工業国――一九八八年までの呼称ではＮＩＣＳ）と呼ばれる一連のアジア諸国が一九七〇－八〇年代に急速な経済成長を示したことは、途上国の開発戦略として社会主義型よりも市場型が勝るのではないかという見方を広め、社会主義の世界的な威信低下の大きな要因となった。

そういうなかで、社会主義諸国における経済改革論の柱として、市場導入論が段々強い流れとなっていった。東欧諸国のみならず、かつては市場導入に強い反撥を示していた中国も、一九七〇年代末以降、市場化の流れに合流し、市場型の改革論は一段と広い範囲に広まった。特に重要なのは、市場導入が所有制の問題にどのように関連するかという問いが浮上したことである。初期の改革論においては、生産手段の基本部分の国家的所有という前提は不動のものとした上で、それと市場とを結びつけるいわゆる「市場社会主義」が模索されてきた。しかし、そのような模索がなかなか現実的成果をあげないなかで、特にハンガリーやポーランドのように経済改革がかなりの蓄積を持った国においては、市場経済を導入しようとするなら、それに伴って所有制度の改革も必要ではないかという考えが、八〇年代初頭頃までに強まった。

所有制度の改革とは、それまでの社会主義経済で圧倒的に中心の座を占めていた国有企業を、たとえば株式会社のようなものに改編し、株式市場をつくりだすということである。それまでの社会主義改革論は「市場」の語で主に商品市場だけを念頭においていたが、それだけではなくて資本市場も導入すべきだという発想が登場したということになる。これは八〇年代半ば、つまり体制転換が全面的に言われだす直前の時期だったので、これでもまだ社会主義改革の一部であるという説明がなされていたが、ここから全面的な脱社会主義まではもうほんの一歩だった。

改革のディレンマ

以上みてきたように、各種の社会主義改革論はかなり古い時期に始まり、数十年の長期間にわたって論じ続けられた。しかし、そこにはいくつかのディレンマがはらまれていた。その一つは、政治改革と経済改革のあいだにある秘かな方向性の違いである。大まかにいって、政治改革は政治的自由の拡大を志向し、経済改革は効率性の向上を目指すものだが、この両者が合致するという保証はなく、そこには微妙な差異が潜在していた。担い手についていうなら、政治改革は人文系の知識人を中心とし、条件次第ではそれがある程度の大衆的基盤を持つこともあったのに対し、経済改革は経済学者をはじめとする社会科学者や一部の技術者を中心とし、体制エリート中の比較的視野の広い部分によって庇護され、どちらかというと一般大衆よりもテクノクラート的傾斜をもつという差があった。

もっとも、政治改革も経済改革も踏み出すこと自体が困難という状況下では、踏み出した後の方向性の違いなどというものは遠い先の問題であり、当面顕在化することはあまりなかった。どちらの改革も望ましいがなかなか踏み出せそうもないという限りで、両者は漠然と一体視されていたのである。しかし、後に、ゴルバチョフのもとでペレストロイカ（建て直し＝改革）が開始されて以降は、それまで潜在していた両者のあいだの矛盾が次第に深刻なものとなっていく。

経済改革に即して考えるなら、そこには、より重要なディレンマがはらまれていた。既存の経済システムが非効率性をはらみ、何らかの改革が必要だという考えは、体制エリートの一部を含めてかなり広く認識されるようになりつつあったが、にもかかわらず、本格的な改革が実施されることは——一九六八年チェコスロヴァキアおよびハンガリーを例外として——滅多になかった。その理由として常識的にすぐ思い浮かべられるのは、既存の体制に既成利害をもつ官僚層の改革への抵抗ということである。この点は従来からしばしば指摘され、そうした抵抗を打破するために、経済改革は政治改革と連動しなくてはならないということがよく主張された。これはこれで有意味な議論だが、問題はそれだけではない。

官僚層は確かに既存の体制に固執する傾向があるとはいえ、全員がそうだとは限らず、一部には、改革路線に乗り換えることで自己利害を実現することができるような部分も含まれる（実際、後に体制転換が現実のものとなったとき、多くの官僚は市場経済に適合し、新エリートに転身した）。だから、経済改革の困難性を官僚の抵抗だけで説明するのは不十分である。むしろ、経済改革は多くの一般大衆にとって歓迎されない要素を含むという点に、深刻な問題があった。

もともと指令型経済システムの低効率性を深刻に受け止めるのは、第一次的には、体制の管理に携わる統治エリートたちであり、その内部に生きている一般の人々にとっては、それに馴染んでしまえば必ずしも打破すべきものとは受け止められない。慢性的な労働力不足のもとで、労働者たちは緩い労働規律と低い労働生産性でも最低生活を保障されるという「ぬるま湯」的条件を提供されていたからである。そのため、社会主義諸国とりわけソ連における改革は「下からの反乱」としてよりも「上からの改革」としておきがちだった。これは経済改革が必ずしも大衆的基盤をもたないことを意味する。

より具体的には、以下のような点が重要である。まず第一に、慢性的物不足状況の原因は多くの物資の価格が人為的に低い水準に固定されていることにあったから、需給バランスに見合った合理的な価格水準に近づけるためには、大幅な価格引き上げが不可避となる。これは当然ながら大多数の消費者に不人気な政策である。実際問題として、ソ連・東欧諸国では、国有住宅家賃・光熱費・基礎食料品価格・交通運賃などが、きわめて長期間、低水準に固定され、節約の刺激を与えないものになっていた。このような価格体系が不合理であり、改訂すべきであるということは、早い時期から経済学者が何度も指摘していたが、それは政治的理由から躊躇された。一九六二年にソ連で部分的な価格引き上げが予定されたとき、ノヴォチェルカッスクで暴動が起きたし、七〇年代のポーランドでは価格引き上げ政策を政府がとろうとするたびに大衆反乱が起きて、引き上げは撤回された。

第二に、経済改革は企業経営の合理化を必要とするが、それは経営者にとっては経営条件の厳格化、労働者にとっては労働規律引き締めと雇用合理化——失業の可能性を含む——を意味する。多くの一般労働者が社会主義体制を消極的ながらも受けいれてきたのは、生産性向上に一生懸命にならずに済み、低い規律でのんびり働いていても滅多に解雇されるおそれがなく、失業の可能性がほとんどないという事情によるところが大きかったから、こうした状況を変革することには、当然ながら非常に大きな抵抗が伴うことになる。

第三に、公的セクター以外の私的経済活動の余地を拡大すれば、国民のあいだの所得格差が開く。新しい経済活動に乗り出して大きな利益を得ようと考える少数の人は別として、現状に甘んじて格差の小さい社会を維持したいと考える大多数の人々は、格差拡大の展望には反感を覚える。実際、後に市場経済移行が始まると、国民のあいだの社会経済的格差が急速に拡大してきたことは周知の通りである。

こういうわけで、経済改革は一握りの特権官僚からのみならず国民一般からも反撥を招きやすい性格をもっていたのであり、ここに経済改革の困難性の大きな要因があった。これはペレストロイカ期に大きな問題となり、また体制転換後の今日にまで連続する問題となる。

Ⅲ　どのようにして終わったのか

一九八五年に登場したゴルバチョフ政権下で進行したいわゆるペレストロイカ（建て直し＝改革）がきわめて大きな政治・社会変動であり、その最終的帰結が《ソ連・東欧の社会主義体制》・《冷戦》・《ソ連という巨大な多民族国家》三者のすべての終わりだったことは誰もが知っている。しかし、この過程があまりにも目まぐるしいものだったため、それがどのようにして始まり、時間的経過のなかで変容を遂げ、最終的帰結へと至ったのかについては、突っ込んだ理解が共有されているとはとても言えない。この複雑な過程の全体像を描き出すのは、限られた紙幅のなかでは到底不可能だが、本章では、いくつかの最重要点を押さえることで、上記三者が「どのようにして終わったのか」という問いに答える手がかりを得るよう努めたい。

1　巨視的な必然性と具体的過程の偶発性——長期・中期・短期の視点

ペレストロイカ開始前夜のソ連および東欧の社会主義諸国が種々の矛盾をかかえていたことは、今では誰もが認めるところであり、改めて確認するまでもない。しかし——こちらの方がむしろあまり広く認識されていないことだが——、種々の矛盾をかかえるということは、直ちに「爆発寸前」という状態にあったということを意味するわけではない。長期的衰退傾向が認められたにしても、それは必ず一挙的崩壊に行き着くという必然性を意味したわけではない。それどころか、ブレジネフ期のソ連は、奇妙な「安定」を享受してさえいたというのが、当時の実情だったことは前章で見た通りである。確かに、かつて多くの人々を鼓舞した理想主義は後退したが、その代わり、シニカルな現状受容ともいうべき態度が大衆のあいだに広まっていた。そこにおいては、「矛盾をかかえながらの存続」のメカニズムが作動しており、生活水準は緩やかながらも上昇しつつあったし、体制と市民のあいだの「社会契約」はまだ決定的なほころびを見せてはいなかった。反体制的な思想は、ごく少数の知識人以外にはあまり広がっていなかったし、現状に対する危機感とその改革への志向は、比較的少数の政治エリートおよび知識人のあいだでみられるにとどまり、広汎な大衆を捉えるには至っていなかった。こうした状態からの急激な変化はどのようにして引き起こされたのだろうか。貧窮と圧政にあえぐ大衆が忍耐の限度を超え、自由と解放を求めて立ち上がったというような見方――現在では何となくこうしたイメージが漠然と広がっているが――が当てはまらないことは、本書のこれまでの叙述から明らかなはずである。では、どのように考えたらよいのだろうか。

歴史における必然性と偶発性

一般論になるが、歴史の見方の一類型として、「目的論」とか「法則論」とか呼ばれるものがある。歴史は必ずある目的の実現――たとえば自由の拡大――に向かって進むものだとか、それが「歴史の必然的法則」だといった歴史観である。ヘーゲルやマルクスによって代表されるこのような歴史観は、ある時期までかなり広い範囲に受け入れられていたが、マルクス主義の信用失墜とも関連して、今日では圧倒的に人気が悪くなっている。ところが、奇妙なことに、「社会主義の失敗」「ソ連の解体」についてては、こうした必然論的な歴史観が広く普及している。こう書くと驚かれるかもしれないが、以下のような事情を思い起こせば、納得できるはずである。

ソ連解体に関する多くの人の漠然たる一般的見解として、それは「起きるべくして起きた必然的な成り行き」と捉えられていると言ってよいだろう。そして、その「必然性」の根拠は、「誤った理論に基づいて構築された、非合理的かつ抑圧的な体制だから、そういう体制は長続きするはずがない」というところにおかれている。これはあまりにも広く普及していて、異を唱えることなどほとんど思いもよらないというのが現状である。しかし、このような見方は、歴史というものをあまりにも単純に捉えるものであり、およそリアルとは言い難い。「誤ったもの」「非合理的なもの」「抑圧的なもの」が必ず倒れるというのは、歴史を安っぽい勧善懲悪的なドラマに見立てるものであり、単なる思いこみ以外には何の根拠もない。抑圧的な体制が倒れて自由が勝利するというのは、まさに「目的論」的な発想だし、巨大な政治変動を単一の根本原因──誤った理論に基づく非合理的な体制──に帰するのは、歴史を「必然的法則」の展開と見なす発想を前提することになる。これは典型的にヘーゲル・マルクス的発想である。ソ連や社会主義体制に批判的な人はヘーゲル・マルクス的な「弁証法」という考え方にも批判的であることが多いが、そういう人がソ連解体の「必然性」についてはそれと同じ思考法をとっているのも奇妙なことである。

このように書くと、ソ連体制擁護論や「倒れなければよかったのに」という未練論と混同されるかもしれない。だが、ここで言いたいのはそういうことではない。「誤ったもの」「非合理的なもの」「抑圧的なもの」が長期間持続するということは、歴史においては往々にして実際にあることだし、またそれらが倒れるにしても、単純一直線の過程をたどるとは限らず、むしろ逆説を含んだ複雑な過程をたどるというのも、ごくありふれたことである(19)。いま述べたことは、ある意味では当たり前の話だが、その当たり前のことが、ソ連解体について考える際には忘れられやすい。それは、つい最近倒れたという事実の印象があまりにも鮮明であるため、それを一直線の必然性で単純明快に説明して納得してしまいたいという欲求が作用するせいだろう。これは分かりやすくはあるが、あまりにも単純な歴史観であり、現実の歴史がこのような図式に沿って展開すると考えることはできない。

　このことと関連して、広く一般に用いられている「ソ連崩壊」という言葉づかいへの疑問を記しておきたい。この言葉には「自然の勢いとして必然的に起きた」というニュアンスがある。そのような含意をもつ言葉で事態を了解するのは、安易な必然論を連想させやすいという意味で、あまり好ましくない。これに代替する表現としては「ソ連解体」がある。「崩壊」という言葉と「解体」という言葉を比べるなら、それほど決定的な差があるわけではないが、「崩壊」の方が「自然の流れとして必然的に崩れ去った」というニュアンスが相対的に濃いように思われる。しょせんは漠然たるニュアンスの問題だから、それほどこだわるわけではないし、私自身も時に「崩壊」の語を使うことがあるが、「自然の成り行き」という含意を避けるためには、どちらかといえば「解体」の方がふさわしいように思う(20)。

長期・中期・短期の視点の組み合わせ

　以上、解体が単純に必然だったとは言えないということを論じてきたが、だからといって必然の要素がなかったというのではないのはもちろんである。「必然性」の要素と「偶発性《コンティンジェンシー》（状況依存性）」の要素とが複雑に折り重なっているというのが、歴史の常である。そして、それらの相互関連を解きほぐすためには、長期・中期・短期の視点を組み合わせて考える必要がある。長期の観点からは必然と言い切れないことでも、中期的には蓋然性が高く、短期的要因によって現実化した、というような連関があるからである。

そこで、まず長期的視点として、ソ連史の全体たる約七〇年という幅で考えてみよう。高度に抽象的なレヴェルでいえば、この体制は最初から崩壊する必然性をかかえていたのだと論じることもできないわけではない。その理由としては、もともと社会主義の掲げた目標は空理空論で、およそ非現実的だったとか、市場メカニズムなしで経済を運営するのは無理だ、等々といった点が挙げられることが多い。ごく大まかには、そう言って言えないことはなく、こうした説明の仕方は昨今では主流ないし「常識」でさえある。しかし、これはウルトラ巨視的ともいうべきレヴェルの話であり、現実の歴史を説明する上ではあまり有意味ではない。第Ⅱ章で検討したように、社会主義が掲げた目標の文字通りの達成を期待するのは非現実的だとしても、目標をある程度引き下げて存続する可能性が全くなかったとは言えない。また、市場的カテゴリーを全面的に排除した純粋形の指令経済であれば、およそ現実的に機能することができないが、実際には、種々の「不純な」要素――隠れた市場、隠れた互酬――を取り込むことで、現実に対応することがそれなりにできていた。そして、そのような「不純な」要素で補完された現存社会主義体制は、ある時期まではそれなりに機能し、安定的に発展するかに見える時期さえもあった。

要するに、長期の視点から言えることとは、いつかは行き詰まりをもたらすかもしれない種々の矛盾をかかえていたという程度のことにとどまる。そして、その矛盾が現実にどのように展開するかについては、中期ないし短期の観点からの検討によらなくてはならない。

そこで次に、中期的視点として、ソ連史後半の三〇年前後（フルシチョフ後期からブレジネフ、アンドロポフ、チェルネンコの時代にかけて）について考えてみよう。この時期には、指令経済の有効性が次第に低落し、趨勢としての衰退に向かいつつあった。第Ⅱ章第4節で触れた一九七〇年代における欧米との技術革新ギャップの拡大は、この点で特に大きな意味を持った。その結果、体制の正統性は支配エリートのあいだでさえも衰弱するに至っていた。だからこそ、最終段階での転換に対する抵抗は意外なほど弱く、ほとんどの場合に血みどろの激突なしに、あっけない「無血開城」となった。こういうと、一部地域で流血の惨事が起きたではないかという疑問を持つ向きがあるかもしれないが、それらの事件は、ルーマニアを唯一の例外として、体制転換の是非それ自体をめぐる激突として起きたのではない。暴力的紛争の大半は民族紛争であり、体制転換に伴う政治的・経済的利害の衝突が民族紛争の形をとったものである（特に旧ユーゴスラヴィア、また一部の旧ソ連地域）。

こうして、中期の展望でいえば、体制転換は遅かれ早かれ必至だったということができる。だが、それが具体的にどのような形を取るかまで必然的に決まっていたわけではない。その点は、偶発性を含む短期の展望の中で考えなければならない。

そこで、短期的視点として、末期の数年という幅について考える必要がある。クリティカルな状況においては、偶発性の要因――長期的・構造的要因では尽くせない、無数の小規模な事件の組み合わせ――が作用する面が大きい。抽象論として考えるなら、変動開始の初期には幾通りかのシナリオがあり、そのうちのどれが実現するかは確定していなかったが、ある時点で特定のシナリオ実現への動きが臨界点を超えると、その後は、その方向への動きが加速度的に強まる。具体的なシナリオとしては、「不透明な状況のもう少し長い持続」「スターリン型体制への急激な逆行」「ゴルバチョフの目指した軟着陸方式」「現実に起きた崩落」などといったものを想定することができる（国際面で冷戦の終わり方が二通り考えられ得たことについては第3節で後述）。これらのシナリオの実現確率は、どれもが同じだったということではなく、あるものは他のものよりも現実性が高かったとか低かったというような差があるだろう。たとえば、「軟着陸」路線はきわどい隘路を縫って進むことを意味するから、もともと非常に難しいものであり、その成功確率は、皆無とは言えないまでもきわめて低いものだったと言えよう。そうした実現確率の差異はあったにしても、ともかくもシナリオは複数あり、最初から唯一の道しかなかったとはいえない。

詳しい経過はこの後で見ていくが、ある時期まで一定の現実性をもつかに考えられた「軟着陸」方式での体制移行の試みは、政治的分極化の拡大のなかで急激に支持を落とし、「革命的破壊」ともいうべき路線が強まった（ゴルバチョフの人気急落とエリツィンの急上昇はその象徴である）。その臨界点はおよそ一九九〇年前後の時期に来たと考えられる。その後の加速度的展開を人々が目の当たりにした後は、それが「必然の流れ」であるかの印象が定着する。しかし、それはあくまでも、臨界点を超え、それ以前にあったいくつかのシナリオからの選択がなされた後の話であり、最初からそのような成り行きが決定されていたとはいえない。

ここで偶発性の要素を指摘するのは、すべてが偶然の産物で必然性の要素がなかった、などと言いたいわけではない。また、現に起きた事実を嘆いて、「こうでなかったらよかったのに」という「未練史観」を説こうというのでもない。現に起きた歴史的事実に対して「別の道もあったかもしれない」と考えるオールタナティヴ的発想は、しばしば「未練史観」と混同されており、また実際そのようなものになることも少なくない。そうした未練史観の無意味さについては改めていうまでもない。しかし、逆に、「現にとられた道が唯一絶対だ」というのも「勝てば官軍」的な硬直した理解であり、歴史の内在的解明にはならない(21)。現実化し得なかったシナリオを目指す戦略は、ある種の弱みをかかえていた——負けるべくして負けた——ことを押さえつつ、なおかつ歴史の進路というものは絶対的に決定されているわけではなく、常に幾通りかの選択肢がありうるのだということを意識しておくことは、歴史認識を豊かにする上で意味がある（念のため再確認しておくなら、ここでいうオールタナティヴとは、体制転換を必至とした上で、その転換の具体的あり方——軟着陸ないし安楽死か急激な崩落か——を問題にしているのであって、体制転換そのものが避けられたと主張するわけではない）。

ソヴェト体制ないし共産主義というものはそもそも改革とか改良の余地のありえないものであり、それを改革しようとしたゴルバチョフの試みは最初から失敗を運命づけられていたのだ、という見方が現在では半ば「常識」化している観がある。だが、それは結果を見た地点から過去を振り返る「後知恵」史観ともいうべきものである(22)。次節以下では、そうした結果論で全てを割り切るのではなく、「改革」が具体的にどのように展開し、どのような過程を経て最終的帰結に至ったかを跡づけていくこととしたい。

2　ペレストロイカ——体制内改革の試みから体制転換へ

ゴルバチョフのもとで進められたペレストロイカには、いくつかの謎がある。最終的に体制転換と国家解体にまで行き着くような変動を、体制の最高指導者自身が音頭をとって開始したのはどうしてかという問いは、その最たるものである。ゴルバチョフはそのような帰結を予期していたのだろうか。たとえ漠然とにもせよ予期していたのなら、そうしたことをあえて始めた理由が疑問となるし、全く予期していなかったのなら、最高指導者の意図を超えた動きはどこから出てきたのかというのが別の疑問になる。また、ゴルバチョフ以外の指導者たちは彼よりも「保守的」だったとされることが多いが、それなら、なぜ彼らはゴルバチョフを最高指導者として選出したのか。ゴルバチョフの特徴づけとして、「ローマ教皇でありながら、ルターでもあった」といわれることがあるが(23)、そのように矛盾した一人二役が、いったいどのようにして可能だったのだろうか。

これらの疑問に十全に答えるのは至難の業だが、ともかくもまず歴史的経過を振り返らねばならない。そこには、長期・中期・短期の諸要因が絡み合っており、「必然的」な趨勢と「偶然的」な事件とが交錯しながら、最初のうちは予想できなかった展開が次々と積み重なっていくなかで、最終的な帰結にたどり着いた。

「ペレストロイカ」という言葉とその意味

ロシア語の「ペレストロイカ」とは、本来、ただ単に「建て直し」という意味の普通名詞だが、ゴルバチョフ時代に特殊なニュアンスのこもったキャッチフレーズとして使われ、その時代を象徴する言葉となった（今では流行から去り、当時ほど広く知られなくなったが、一九八〇年代後半から九〇年代はじめくらいまでは、全世界で広く使われる流行語だった）。この語がもともとありふれた普通名詞だったことから、「ペレストロイカ」に単一の定義はない。何らかの意味での改革という程度の緩やかな合意はあったにしても、その「改革」の中味をどのようにとらえるかには種々の考え方があったし、時期による力点の移動も大きかった。何をどう「改革」するかが予め確定されておらず、異なった解釈を許容し、エスカレーションと意味転換を含む過程だったということこそが、ペレストロイカの大きな特徴である。「ペレストロイカとは何だったか」という問いに答えようとする際に、このような多面性および時間的変化の要素を抜きにすることはできない。

いま述べた解釈の差異とか時間的変化とは、ただ単にどこまで徹底した改革を目指すかという度合いの差の問題だけではない。ラディカルさの度合いの差という問題は確かにあったが、より重要でありながらあまり注目されていないのは、「改革」というときに目指されている種々の目標のあいだに相互矛盾関係があったことである。たとえば経済改革と政治改革のあいだ、また効率化と社会的公正のあいだには、潜在的にもせよ深刻な緊張関係がはらまれていた。あるいはまた、西欧的価値観を人類普遍のものとみなして、それに接近しようとする志向と、アジア系諸民族を含む各民族の特殊価値主張とのあいだの矛盾は、時間とともに深刻なものとなっていった。そうした矛盾が必ずしも明確に自覚されないままに、さまざまな目標が「ペレストロイカ」の語のもとに漠然と包括されていたのがゴルバチョフの時代の特徴だった。そうした多義性をもちつつ、全体として改革構想が次第にエスカレートしていったのがペレストロイカの初期から中期にかけて（一九八六－八九年頃）だったとするなら、やがてさまざまな目標のあいだの矛盾が表面化し、諸勢力のあいだの対抗が激化していくのがペレストロイカ後期（一九九〇－九一年）ということができる。

「改革」の内容がエスカレートしていくなかで、最も大きな選択として浮かび上がったのは、「社会主義の枠内での改革」かそれとも「脱社会主義」かという問題である。ある時期までは、前者が当然の前提とされ、後者は問題にもされなかったが、次第に後者が一つの選択肢として浮かび上がり、遂には最も有力となった。これはペレストロイカの過程で生じた一連の変化のうちでも最大のものである。しかし、その問題に進む前に、その一つ手前の段階として、ゴルバチョフ時代の初期から中期くらいの時期を振り返ることからはじめよう。

改革の始まり

ブレジネフ末期からアンドロポフおよびチェルネンコの短期政権へと続く一九八〇年代前半には、老人支配が極点に達したが、それと同時に、手詰まり状態と閉塞感がつのり、そうした状況からの脱却と世代交代を求める気運が徐々に高まっていた。もっとも、ここでいう「閉塞感からの脱却」とは、ただ単に「何らかの変化」という程度のごく漠然たる意味であり、それが具体的に何を意味するかが明確だったわけではない。とにかく、あまりにも長いこと老人支配が続いたことは、大幅な世代交代を必至としていた。それは、スターリン時代に自己形成した世代の退場と、かつてスターリン批判に希望をいだいたことのある世代——「六〇年代人」(六四頁参照)——の前面への登場を意味した。ゴルバチョフ(一九三一年生まれ)はまさにそうした新世代の代表だった。

ゴルバチョフはブレジネフ末期からアンドロポフ期にかけて地位を上昇させていたが、最年少の政治局員だった(一九八〇年に政治局員になったときのゴルバチョフは四九歳で、これは当時の政治局の平均年齢よりも二一歳も若かった)。前任者の高齢化があまりにも甚だしかったため、単に若いというだけでフレッシュなイメージを与えることができた。ゴルバチョフ政権最初期の一九八五－八六年春頃にとられた方策としては、規律引き締め、人事刷新、世代交代推進などがある。初歩的なグラースノスチ(公開性・情報公開)も始まった。また、この時期を象徴する政策として反アルコール・キャンペーンが熱心に展開された(八八年頃に失速し、以後は忘れられていく)。経済面では、システムを変えないままでの合理化により高成長化を目指す「加速」政策が、初期の中心課題だった。この辺までは、体制の骨格に手を付けることは思いもよらず、体制内での部分的改良が基本をなしていた。そして、その程度の変化であれば、ゴルバチョフ以外の党指導者たちも受容することができ、むしろ体制維持のために必要な措置と考えられた。彼が他の指導者たちの合意を得て最高指導者に選出され、一連の初歩的改革に着手することができたのは、そうした事情による。しかし、事態はここにとどまることはできなかった。

「ペレストロイカ」という言葉が頻繁に使われだし、流行語化するようになったのは、一九八六年春－初夏あたりからである。一つの大きな契機となったのは、チェルノブィリ事故(同年四月二六日)だが、事故直後の当局の対応は鈍く、情報公開も遅れがちだった。しかし、そのことへの反省を経る中でグラースノスチが拡大し、それに伴ってさまざまな分野での政策革新も徐々に具体化しはじめた。ゴルバチョフは七月末に「ペレストロイカを革命といってもよい」と述べた。秋には一連の雑誌編集長の交代があり、これに伴って言論活性化が本格化した。

当初のペレストロイカは基本的には「上からの改革」という性格をもって始まったが、同時に「下から」の自発的な動きも奨励されたので、徐々に自立的な発言や運動も登場した。初期の段階で特に大きかったのは、グラースノスチの拡大およびそれに伴う知識人の役割であり、知識人の主導性は初期ペレストロイカの大きな特徴である。もっとも、この状況はペレストロイカ拡大と大衆の登場のなかで変化していくことになる。

下からの動きを象徴するものとして、大量の「非公式団体」が登場した。「非公式団体」とは、自主的に創立された団体であって、何らかの公式機関に登録されていないものを指す。以前からも小規模な非公式団体はあったが、ペレストロイカの中で爆発的に拡大し、特に青年が多数参加した。そのすべてが政治に関与したわけではないが、政治的性格をもつ団体も次第に登場した。それらも、当初は「ペレストロイカ推進のため」とか環境保護といった、比較的無難な目標を掲げることが多かったが、後になると、より本格的な「野党」的政治運動につながっていくことになる。

経済改革

ペレストロイカ初期に最も重要視された問題領域は経済だったが、「経済改革」の語でどういうことを意味するかは、時期により、また論者によって異なった。最初期には、既存の経済メカニズムを変えないままでの投資拡大や労働規律引き締めによる「加速化」が呼びかけられたが、これはまもなく行き詰まり、一九八七－八八年頃から、より本格的な改革が課題とされるようになった。

第Ⅱ章第5節で見たように、社会主義諸国における経済改革論はペレストロイカ以前からも長い議論の蓄積があり、そのなかで、特に市場導入に力点をおく考え方は、経済学者たちのあいだに徐々に浸透していた。もっとも、政治家レヴェルでは「市場」の語へのアレルギーも強かったし、それは大衆意識にも影響を及ぼしていたから、最初から一挙に市場導入論が全面化したわけではない。しかし、ペレストロイカがもたらした言論活性化の中で、そうした状態は急速に変化した。初めのうちは「商品・貨幣関係の拡大」などといった婉曲語法をとっていた市場型改革論は、一九八九年前後には公然と「市場」の語を表に出すようになり、むしろ流行の見解とさえなる勢いを見せた。

もっとも、これも前に触れた点だが、もともと経済改革というものは物価上昇、所得格差拡大、失業発生のおそれなどを伴い、一部の特権官僚のみならず国民大衆にとっても歓迎されない側面をもつというディレンマがあった。それを端的に示すのは、市場型改革論が一般論としては広く受け入れられるようになった後も、その前提となる価格改革に対しては、抵抗が根強く残ったという事実である。これはいわゆる「保守派」の政治家だけのことではない。ペレストロイカの中で大衆の圧力を感じるようになった政治家たちは、その政治的立場にかかわりなく、ほぼ一致して価格改革実施に抵抗を示した。端的な例として、一九九〇年五月に連邦政府が価格改革の方針を打ち出したとき、当時ロシア共和国最高会議議長に立候補していたエリツィンはこれに強く反撥し、改革の足を引っ張った(24)。そのような彼の大衆的人気が急上昇したことは、経済改革実施の困難性を如実に物語った。経済改革のもう一つの柱として重要視された協同組合――小規模な事実上の私企業――の実験についても、一部の協同組合が高い価格で暴利をむさぼっているのではないかという大衆の疑惑と反撥を招いた。

こういうわけで、市場型経済改革については「総論賛成・各論反対」的な態度が少なくなかったが、時間の経過とともに、ともかく基本方向性としてはそれをとるしかないという考え方は徐々に浸透し、一九九〇年前後には公認の座を占めるようになった。しかし、その上で、さらなる問題が残った。それは、経済システムの抜本的変革とは短・中期的に成果を収めるようなものではなく、むしろ過渡的には経済実体の混乱と低下をもたらしやすいという問題である。つまり、ラディカルな経済改革論をとりさえすればすぐに経済情勢が好転するわけではなく、むしろしばらくのあいだは、これまで以上に困難な時期を通過しないわけにはいかないが、大衆がこれに耐えることができるかどうかという問題である。実際、ソ連解体後の全面的市場移行政策のもとで、ロシアをはじめとする旧ソ連諸国の経済は数年間の大下落を経験することになる（第Ⅳ章第2節で後述）。

このことは経済学者にとっては自明のことであり、そうした困難を耐えてでも市場経済化を目指すしかないというのが彼らの提言だった。しかし、政治改革の中で大衆の圧力をこれまでになく感じるようになった政治家たちは、経済改革がいわゆる「痛み」を伴うものだということを率直に認めることができず、むしろ市場導入がすぐにでも成果をあげるかのような幻想を広めがちだった。そのことは、期待と現実のギャップの拡大を生み、政権に対する国民の不満拡大のもととなった。

政治改革

ペレストロイカが徐々に拡大していくなかで、大きな問題となったのは、ペレストロイカの力点を経済改革から政治改革に移行させるかどうかという点である。この点で一つの画期となった第一九回党協議会（一九八八年六－七月）は、ソ連共産党の会議として数十年ぶりに活発な討論の場となり、ペレストロイカが政治改革主導へと移行することを明確にした。これをうけて、政治制度改革は八八年後半から八九年前半にかけて具体化されはじめた。その内容は多岐にわたるが、選挙制度と代議制度の改革がその核心をなす。部分的な制約が残ったにもせよ、自由競争の要素を含んだ選挙が行なわれるようになり、そのようにして選挙された代議機関での法律案審議に際しては、これまで考えられなかったほど活発な実質的審議がなされるようになった。従来、「ソヴェト制」は「ブルジョア議会」とは原則的に異なるものと理解されてきたが、このときの政治改革のなかで「ソヴェトの議会化」がいわれるようになった。なお、一九八九年の選挙で発足したソ連全体の人民代議員大会および最高会議と、九〇年の選挙で発足した各共和国最高会議とでは、後者の方が一段と本格的な自由選挙の産物であり、そこから生じた変化も、より大きなものがあった。

このようにして進行した政治制度改革は、その背後にある政治理念の大きな変更を伴っていた。もっとも、政治理念上の変化は主として知識人のあいだで論じられ、政治家や大衆への影響は部分的なものにとどまったから、理論の変化が現実政治を直接左右したというわけではないが、それにしても、この時期の理論面での変化はソ連史全体の中で大きな意味をもつものであるので、ここでその要点をみておきたい。

まず、「ソヴェトの議会化」は、権力分立論の採用を伴っていた。元来のソヴェト制度は、権力分立論を否定し、立法と行政を統合するものと考えられていた。そして実際には、党=国家官僚による行政が独走し、ソヴェトは無力化していたというのがそれまでの実態だった。こういう状態を批判し、権力分立論を導入しようという考えは、ブレジネフ末期以来、少数の体制内改革派知識人によって提示されていたが、ペレストロイカ期に急速に有力となった。この時期のソヴェト改革は、ソヴェトを立法機関=議会として純化しながら、その権威を高め、「法律に則った行政」という観念によって行政機関の活動に枠をはめるという狙いをもっていた。もっとも、一挙に権力分立論が確立したわけではなく、「権力統合機関としてのソヴェト」という考えもまだあった。この時期の政治制度改革およびその理論的位置づけは一義的ではなく、論者によって異なった解釈を許容する両義性をもっていた。

そうした両義性を象徴したのは、当時、「全権力をソヴェトへ」というスローガン――いうまでもなく一九一七年のロシア革命時の主要スローガン――が盛んに使われたことである。もともと「ソヴェト」というロシア語は「会議」という意味のごくありふれた言葉であり、歴史的経緯の中で、議会制と対置される独自の権力機関としての意味をもたされるようになっていたが、言葉自体としては単なる「会議」の意である以上、この同じ言葉にいろいろな含意をもたせることが可能であり、特異な「ソヴェト制」を指すこともできれば、権力分立制下の「議会」を指すこともできる。「全権力をソヴェトへ」というスローガンの一つの解釈は、これを一九一七年の革命時と同じ意味にとり、形骸化をこうむる前の本来のソヴェトの復興を目指すというものである。他方、「ソヴェトの議会化」という変化を前提するなら、ここでの「ソヴェト」とは一九一七年のソヴェトとは異質の立法機関＝議会であり、それが「全権力」をもつというのは、権力分立を前提した上での、行政に対する立法の統制（法治主義）を意味するということになる。

このような両様の解釈を許容するスローガンが多用されたのは、レーニンの名を利用しつつレーニン主義から遠ざかろうとしていた当時のペレストロイカ路線を象徴していた。つまり、伝統的発想からの決別をオブラートに包んで抵抗を和らげながら、実質的には体制転換に近づこうとする発想である。この当時、最も頻繁に引用されたレーニンの言葉は、「社会主義に関するわれわれの見方全体の転換」という晩年の発言だったが(25)、これを重視するということは、まさしくレーニンの名前の陰に隠れてレーニン主義からの離脱を正当化する意味を持った。こういうわけで、初期にはなお一定のあいまいさがあったものの、時間とともに、権力分立論——つまり「議会としてのソヴェト」という考え――が優越するようになっていった。「ソヴェト」のことを端的に「議会（ロシア語でパルラメント）」と呼ぶ用語法も増えた。

議会改革と関連して、「法治国家」論も台頭した。その基礎にあったのは、競争的選挙によって選ばれた国民の代表からなる議会の定めた法律が行政機関の活動を制約するという考えである。この考えの中核にあるのは、法を守らねばならないのは第一次的には国家機関だということであり、従来の「適法性」観念が国民に法を守らせるという発想に立っていたのとは大きく隔たる。従ってまた、単なる制定法の遵守ということではなく、法とは市民の権利を守るものであり、権力の恣意的発動を抑制するものであるべきだとする考えが根底にある。この考えは、当初は「社会主義的法治国家」論として提起されたが、やがて「社会主義的」という限定句抜きの法治国家論が広まるようになった。

このような政治改革の背景には、プルラリズム（多元主義）論があった。「プルラリズム」とは文脈によって異なった意味をもつ多義的な言葉だが、ここでの文脈では、社会における利益や意見の多様性およびその衝突の可能性を承認し、それらに公然たる表出の場を与えながら、調整を図ろうとする考えのことを指している。この言葉はペレストロイカ以前にはブルジョア社会に固有な観念とみなされ、社会主義とは無縁とされていた。社会主義のもとでは階級的敵対は消滅し、個別的な矛盾はなお残るにしても、それにはとるにたらない意味しかないと考えられてきた。しかし、ブレジネフ末期以降の体制内改革派は、社会主義社会における矛盾を重視する考えを提起し、プルラリズム的発想を準備しており、そうした考えがペレストロイカの中で急速に広まった。初期にはプルラリズム論への抵抗がまだ大きかったので、それをやわらげるために、「社会主義的」とか「意見の」という限定がつけられていたが、やがて大衆的に受容され、限定的修飾句なしに広く使われるようになった。このことは、社会主義のもとでの諸利害の一致という擬制が否定されて、異なる諸利害の公然たる表出と調整の必要性が主張されるようになったことを意味する。中には、明確に「政治的プルラリズム」を主張する論者もあらわれた。政治的プルラリズム論は複数政党制への伏線としての意味をもったが、そこまで踏み切るにはもう一歩の新展開を必要とした（一九九〇年に複数政党制が導入される過程については後述）。

プルラリズム論に示される多様な利害が自由に表明され、調整される場として、「市民社会」という言葉も広く使われだし、「国家に対する市民社会の自立性」という考えも提出された。元来のマルクス主義の考えでは、社会主義とは国家と市民社会の分裂の止揚（克服）と観念されており、市民社会の自立化という発想はなかったし、ソ連の現実の歴史のなかでは一貫して国家が主導的な役割を果たしてきた。これに対し、国家の役割を抑制し、市民社会の自己調整能力に期待する発想が強まった。これは経済面における市場の自己調整機能の強調と対応する。

以上に見てきた権力分立論、「ソヴェトの議会化」論、「法治国家」論、プルラリズム論、「市民社会」論などは、それまでの伝統的なマルクス主義的国家観・権力観を原則的に修正するものであり、それを踏まえた政治改革は、ソヴェト的政治体制の基礎にある考えを事実上放棄する意味をもった。「全権力をソヴェトへ」という両義的スローガンが使われ、「原初のソヴェトへの復帰」という発想も一部にあったことは前述したが、それは、当時の改革推進派がイデオロギー的保守派の抵抗をかわすため、レーニンの名を利用しつつ事実上レーニン主義を修正しようとする戦術の所産であり、政治改革推進論者の議論の基調としては、脱レーニン主義が進みはじめていた。

以上にみたような議論は、あくまでも知識人の言論レヴェルのものであり、現実の政治がこのような思考法に基づいて動いたということではない。知識人のあいだで法治国家論が広まっても、大衆の政治参加はむしろ法的手続きの軽視に導くという傾向もあった。また、権力的介入なしに自己調整することができる市民社会の成長への期待は、後から振り返ってみるならばナイーヴな楽観論に過ぎたという評価もできよう。しかし、ともかくこうした言論が登場するということ自体がソ連の歴史のなかでは画期的なことであり、それは現実の政治制度改革にもある程度の反映を見いだしていった。

政治的分極化と改革のディレンマ

これまで、政治改革の進展について述べてきたが、このことは新しい問題を生んだ。政治改革の実施は、抽象的な理念やモデルの選択にとどまらない実質的な権力の問題に触れることになり、政治闘争を一段と激化させることになったからである。旧来の権力構造で高い地位についていた支配エリートの地位が揺らぎだし、彼らと新たに政治に参入しはじめた人たちのあいだの対抗が激化した。この対抗は、通常「保守」vs「改革」という軸で捉えられている。だが、実は、この図式は必ずしも実態に即したものではない。支配エリート――常識的レッテルでは「保守派」――にとって、自己の権力が失われるのは死活問題だが、だからといってあらゆる改革に反対ということではなく、導入されつつある市場経済に適応しつつ自分の地位を保つという道もありうる。逆に、新たに政治の場で活躍しはじめた人たち――常識的レッテルでは「民主派」「改革派」――が政権の座についたとしても、社会秩序維持の観点から、「保守的」性格の政策をとることもありうる（これはソ連解体後に顕著になる現象である）。

従って、この後の権力闘争は、抽象論としてのモデル選択――「社会主義」維持か否か――よりも、たとえ同じようなモデルを目指すにしても、その主導権を誰がとるのか――より端的には、誰がどのような権力をもつのか――ということが中軸となった。にもかかわらず、多くの当事者は「保守派」「改革派」という言葉を使い続けたが、それは実態を反映するというよりもむしろ政治的レッテル貼りとしての性格が濃厚である。

政治改革進展に伴うもう一つの大きな問題は、政治改革と経済改革のディレンマにかかわる。もともと政治改革と経済改革は、当事者の主観では双方ともに望ましいものとして願望されたにしても、客観的には異なる方向性を含意するということは、第Ⅱ章第5節で見た通りである。そこでも触れたように、改革が本格的に取り組まれ出す以前の時期においてはこの問題は潜在的なものにとどまっていたが、ペレストロイカの進展はこれを深刻な現実問題とした。経済改革が物価上昇、社会的・経済的格差拡大、失業の発生などを伴う以上、政治家が大衆の人気を気にする状況の中でこれを推進することには大きな困難がつきまとう。政治改革進展のなかの政治家はむしろポピュリズム的な態度をとり、現実性を無視した約束を振りまくことになりやすい（その典型はエリツィンである）。だとすれば、経済改革のためには政治改革をむしろ抑制した方がよいのではないかという考えも、理論的には成り立つ余地がある。

この点を早い時期に問題提起したのは、「権威主義必然論」を説いて一躍脚光をあびたミグラニャンおよびクリャムキンらの論客である。この二人のあいだにも微妙な差異があるが、大まかな共通点をまとめるなら、彼らは、独裁から民主主義への移行は時間のかかるものであり、強いてそれを急ぐとポピュリズムに陥ると指摘し、その危険を避けるために過渡的な権威主義段階が必要だと主張した。また経済改革＝市場移行は短期的には大衆の生活水準低下を伴うので、政治家が大衆にアピールしなければならない民主政治の条件下では経済改革は実施不可能になる、むしろまず権威主義体制下で経済改革を行なって、その中で安定した中産階級が成立した後ではじめて民主化が可能になる、というのがもう一つの論点である。これは体制批判的知識人の中から出された議論だが、当時キャッチフレーズ化しつつあった「民主化」論に逆らって、むしろ権威主義の必要性を説く挑発的な主張なので、大きな論争を呼んだ(26)。

「民主化」が合い言葉となりつつあった当時の時代状況の中では、このような主張を正面切って唱えるのはごく少数の人々にとどまった。ソ連で政治改革が本格化した一九八九年という年は、中国で天安門事件が起きた年でもあったが、政治的民主化を圧殺している中国とは対照的にソ連は民主主義に前進しつつあるという論評が、ソ連国内のみならず世界全体でみても当時は主流をなした。しかし、その後の経過は、ソ連およびその後継諸国における政治改革の進展という期待を裏切り、「市場経済化プラス権威主義化」ともいうべき路線——広い意味で中国的な路線——が多くの国でとられるようになりつつある。しかし、これは次の時期の話であり、第Ⅳ章で改めて取り上げることにしたい。

ゴルバチョフの社会民主主義への接近

このように種々のディレンマと矛盾を含むにしても、ソ連における各種の改革は次第に拡大していった。それをさらに加速したのは、東欧諸国における一挙的な体制転換の実現である。もともと東欧諸国では、ソ連よりも社会主義体制定着度が低かったため、いったん社会主義改革の試みが始まると、それは短時間に体制内改革の枠を突破して、脱社会主義へと転化した。これに比してソ連の場合、一九八九年末ないし九〇年初頭頃までは、ゴルバチョフ指導部のみならず、それを批判する急進派にしても、また国民一般の世論としても、いくら現状に批判的でも「社会主義」という理念ないしシンボルに対しては肯定的態度が優勢であり、脱社会主義を唱える者は少数にとどまっていた(27)。しかし、この時期を境に、東欧激動がソ連にも影響し、またペレストロイカが短期的効果をあげないことへの苛立ちとも相まって、ソ連でも脱社会主義論が高まるようになった。

そのような状況を背景としつつ、指導部の側の改革構想も、これまでよりも一歩踏み出すようになった。一九九〇年三月の憲法改正では複数政党制と大統領制が導入され、これと並行して、所有制の改革、連邦制の抜本的再編も検討が進みだした。共産党の一党支配、経済における国有中心主義、そして特異な連邦制という国家制度は、それまでのソヴェト体制の三本柱ともいうべきものだが、この三者のすべてが根本的な変革の対象となったわけである。ということは、この時期のペレストロイカはもはや体制内改革の域を超え、体制そのものの転換という性格を帯びはじめたということになる。出版法、社会団体法、宗教法などの採択も、ペレストロイカ初期には法制的基礎を欠いていた市民的自由に法的基盤をもたらした（もっとも、そうした法制はしばしば現場では空回りし、かえって社会的混乱を増大させたが）。

ここまでくると、それは欧米諸国に典型的に見られる資本主義経済と自由民主主義体制（リベラル・デモクラシー）と実際上異なるところがないように見える。そのような方向性をとりながら、それでもなお社会主義の枠内での改革だと主張するためには、「社会主義」の語を資本主義と全面的に対置する従来の解釈ではなく、むしろ資本主義を大枠で受容しつつ、それを部分的に修正して「社会主義的な」志向性を生かそうとする発想をとるほかない。これは西ヨーロッパでは「社会民主主義」と呼ばれてきたものである。ゴルバチョフをはじめ、ペレストロイカ後期ソ連の改革派主流がこの時期に目指そうとしたのは、事実上、そのような方向だった(28)。

もっとも、「社会民主主義」の語はそれまでのソ連で長らく禁句だっただけに、ゴルバチョフらのその方向への転換は一挙に明示されることはありえず、きわめて微妙な歩みをたどるほかなかった。歴史をさかのぼるなら、ロシア革命直後に国際社会主義運動が共産主義と社会民主主義とに大きく分裂して以来、この二潮流は互いに相手を社会主義運動の正当な一員と見なさず、原則的な対立を続けてきた。かつてのソ連では、「社民」といえば罵り言葉以外の何ものでもなかった。そうしたなかで、社会民主主義への好意的な態度をとることには大きな心理的障害があったが、いくつかのステップを踏みながら、徐々にその方向への歩みが始まった。

早い時期の例としては、一九八八年三月のベオグラード宣言や、同年六月の第一九回党協議会へのゴルバチョフ報告は、国際面での社会民主主義との共同行動の呼びかけを含んでいた。同年秋のヴァディム・メドヴェージェフ（イデオロギー担当書記、後のロシア大統領とは無関係）の発言も、社会主義が多くの点で先進資本主義国よりも遅れた点があることを認め、それと関係して、社会問題の解決における社会民主主義の経験を真剣に学ばねばならないと述べ、社会主義と民主主義の結合の意義を力説した(29)。これらの発言はまだ留保付きのものであり、社会民主主義の全面受容ではないが、ともかく共産主義と社会民主主義の数十年にわたる敵対関係に終止符を打とうとする志向を示した。

当時非公開の内部文書では、より踏み込んだ検討が進んでいた。党中央委員会付属社会科学アカデミーが党中央委員会国際政策委員会に宛てた文書（一九八九年四月二八日）は、世界的規模での共産党と社会民主党の相互関係について、いくつかの新しい観点を提示した。社会民主主義は現代世界における左翼勢力の不可分の一部であり、労働運動における有力な思想・政治潮流であるとし、それは資本主義の基礎の上に立つものではあるが、社会進歩の大きな勢力であり、重大な民主的潜勢力を持っている、という評価がそこでは示された。ソ連共産党の対外政策の現代的哲学には、社会民主主義者が使いはじめた概念も含まれているとも指摘された(30)。このような評価は、ゴルバチョフ自身が共産主義の社会民主主義への転換に乗り出すための条件整備という意味を担った。一九八九年一〇月に訪ソしたブラント（西ドイツ社会民主党）との会談で、ゴルバチョフは、社会主義は人類の最良の経験を継承するものであり、この意味でわれわれの社会民主主義との接近が進行している、われわれは社会主義インターの代表をソ連共産党大会に招待することを考えている、一九一四年に起きた労働運動の分裂を清算するときが来た、等々と語った(31)。

上に見たのは、当時非公開の一連の文書だが、公けの場における態度表明として重要なのは、一九八九年一一月のゴルバチョフ論文「社会主義の理念と革命的ペレストロイカ」である。公けの場で広く注目される文書という性格から、表現は非公開文書よりも慎重であり、「社会民主主義化」を直接明言することは避けているが、社会主義の理念がこれまで歪曲されてきたという前提に立って、いくつかの注目すべき主張を展開している。マルクスは資本主義の自己発展能力を過小評価していたという指摘があり、先進資本主義諸国で蓄積された種々の貴重な経験から学ぶこと、社会民主主義についても、その功績を認め、その経験を興味をもって研究することなどが主張され、何よりも自由・民主主義・ヒューマニズムが重要な原則として位置づけられている。これは事実上、共産党の自己刷新という漸進的な形をとった社民化の試みと解釈することができるものである（なお、この時点のゴルバチョフは即時の複数政党制化を退けたが、それはタイミングの問題であり、原則としての拒否ではなかった(32)）。

さらに、ゴルバチョフの側近だったシャフナザーロフやチェルニャーエフは、ゴルバチョフ自身よりも明確に社会民主主義への歩み寄りを説いていた。たとえば、一九八九年一二月二七日のシャフナザーロフのゴルバチョフ宛て報告書は次のように述べた。共産主義の概念は生命力を失った。この概念と理念に自己の運命を結びつけてきたわれわれにとってどんなに辛くても、いまやこのことを認め、民主的社会主義の志向を党の理念としなくてはならない。あなた〔ゴルバチョフ〕自身、既にこれ〔転換の決断〕をしているではないか。それを論理的に推し進め、社会民主党へと改名すべきだ(33)。

一九九〇年二月の党中央委員会総会——この場で、複数政党制の導入が決断された——へ向けた一月二二日の政治局会議におけるゴルバチョフ発言には、「現在の案は社会民主主義的なものだ」という言葉が含まれた(34)。七月の第二八回党大会では、党名改称も問題にされ、社会党、社会民主党、民主社会党、社会民主労働党、その他多数の案が提出された(35)。このような社会民主主義への傾斜は、一九九一年七月の新党綱領草案（第4節で後述）で頂点に達することになる。

以上、ゴルバチョフ指導部の社会民主主義への接近の過程を跡づけてきた。しかし、ここでもう一つ押さえておかなくてはならないのは、このような方針は決してなだらかな変革を保証するものではなく、むしろ政治的分極化を一層強める結果になったということである。社会民主主義化は比喩的にいえば既存社会主義（共産主義）体制の「安楽死」を目指す路線だが、この路線への左右からの攻撃は政治的対抗関係を一層強め、政治秩序解体の危機感を呼び起こした。一方では、社会民主主義化を「裏切り」とみなす正統共産主義イデオロギー固守派の抵抗があったことは言うまでもない。他方では、社会民主主義をも「まだ社会主義にこだわっている」「保守的だ」として、より明確な社会主義離れを要求する潮流が急速に台頭した。この後のペレストロイカ最終局面については第4節で後述することにして、その前に、ペレストロイカの対外的側面に眼を向けることにしたい。

3 《冷戦終焉》再考――冷戦の二通りの終わり方

冷戦の終わり方

冷戦が一九八〇年代末ないし九〇年代初頭に終焉したということは誰もが知っている。だが、どういう風にして終わったかについては、意外に突っ込んだ考察がなされていない。何となく、ごく当たり前のこととして、「終わるべくして終わった」という風に受け止められていることが多い。しかし、当時にさかのぼって考えるなら、そう簡単には言えない。

そもそも、いつ終わったのかという基本的な点から考えてみよう。本書の冒頭でも簡単に触れたが、「ソ連が解体して冷戦が終わった」という言い方をよく聞く。だが、実際には、一九八九年一一月にベルリンの壁が倒れ、翌月のマルタ会談でブッシュ（父）米大統領とゴルバチョフ・ソ連大統領によって「冷戦終焉」が宣言されたとき、ソ連という国はまだ存在していた。ソ連がなくなるのはその二年後のことである。つまり、ソ連がなくなってから冷戦が終焉したのではなく、まだソ連が存在している時期に、その最高指導者が一方当事者として米大統領とともに冷戦終焉を宣言した、というのが現実の流れである。それにもかかわらず、「ソ連がなくなって冷戦が終わった」と考えられがちなのはなぜだろうか。

ここには「冷戦の二通りの終わり方」という問題が関係しているのではないか、というのが本書の基本仮説である。一九八九年末まで進行しつつあった終わり方と、九〇年以降に進行した終わり方とでは意味が違うのではないか、ということである。マルタ会談は「第一の終わり方」のピークだったが、その直後から急激に「第二の終わり方」が前面に立ち現われた。そのため、しばらく後には、かつて「第一の終わり方」が試みられ、かなりの程度進行していたという事実そのものが忘れられてしまったのではないだろうか。

ここで「第一の終わり方」とは、ゴルバチョフと欧米首脳の対話によって進行したもので、冷戦期の対峙構造の解体、双方当事者の相互接近と和解としての冷戦終焉を指す。これに対し、「第二の終わり方」とは、その後に米政権によって主導されたもので、「和解」ではなく「一方の側の全面勝利／他方の側の全面敗北」としての冷戦終焉である。このことのもつ意味は多面的なものがあり、後でも何度か立ち返ることになるが、とりあえず一九八五－八九年の時期に「第一の終わり方」がどのように進行したかを振り返ることから始めよう。

「新思考」外交の開始

今日から振り返ると、冷戦が終わったのはごく当然のことであるかのように見える。しかし、終わる少し前の時点にさかのぼって言えば、むしろ冷戦はあたかもいつまでも続くかのように見えていた。それを終わらせようという決断は、ソ連における最高指導部の交代およびそれと結びついた外交方針の大きな転換なしにはありえなかった。その直前まで、第一期レーガン米政権の対ソ強硬策は、大韓航空機撃墜事件（一九八三年九月）に見られるように、ますます対決を強めるばかりだったのである。

ゴルバチョフ政権が外交における新路線――いわゆる「新思考」――を開始したのは、他の政策分野の政策革新に比べて相対的に早かった。政権発足直後の一九八五年七月に、冷戦外交の象徴ともいうべきグロムィコ外相が更迭されて、後任にシェワルナゼが外相に起用された。同月末には、全ての核実験の一方的停止が発表された。八六年一月一五日には、核実験停止の延長および二〇世紀末までに核兵器を全廃する一五年計画提案が発表された（これは二〇〇九年四月にオバマ米大統領が打ち出した「核なき世界」論の先駆けという意味をもつ）。環境破壊、エネルギー問題、資源枯渇などのグローバルな問題の解決には全世界的な規模での協力が必要だとし、階級的観点よりも「全人類的観点」を重視する見方が提起され、「ヨーロッパ共通の家」という新しい標語が打ち出された。これらの言葉は過度に理想主義的に受けとめられたきらいもあるとはいえ、とにかく大きな発想の転換だったことはまちがいない。ゴルバチョフの思考法自体の中に理想主義の要素が――その現実性は別として――あった。

軍縮に関しては、対米対等を求める従来の発想から、軍事力のレヴェルを合理的に十分なレヴェルにまで引き下げることが新たな目標とされた。第二七回ソ連共産党大会（一九八六年二―三月）採択の党綱領新稿では、「平和共存」を「階級闘争の特殊な形態」とする従来の定義が放棄され、「帝国主義を一掃し、葬る」という文言も削除された。それまでの「平和共存」や「デタント」はあくまでも資本主義陣営との対峙を前提した上での共存だったのに対し、むしろ「階級的価値に対する全人類的価値の優位性」を掲げて、西側諸国との協調を重視する路線への切り換えが図られた。

もっとも、当初は米ソ対抗の発想もまだ残存しており、アメリカのＳＤＩ（戦略防衛構想）計画が強く批判された。グローバルな諸問題への取り組みにしても、当初の捉え方としては、地球破壊の危険をもたらしているのは主に西側諸国であり、その回避のために、ソ連のイニシャチヴで協力を実現しようという呼びかけの形をとっていた。その意味では、東西対決的発想は最初から全面的に捨てられたわけではない。しかし、グローバルな問題の解決のためには競争・対決よりも協力・和解が必要だということの強調へと次第に力点が移行していくことになる。

一九八七年秋には、ゴルバチョフの著書『ペレストロイカ』および革命七〇周年演説がともに「全人類的価値」を強調し、事実上、「階級的価値」の棚上げをはかる姿勢を打ち出した。これは同年一二月のゴルバチョフ訪米およびＩＮＦ（中距離核兵器）全廃協定調印へとつながった。

アフガニスタンからの撤兵

「新思考」外交の重要な試金石がアフガニスタン問題だったことはいうまでもない。

元来、アフガニスタン介入に関するソヴェト政権の公式の説明は、「民主アフガニスタン」擁護のための「国際主義的責務」だとされており、そういう建前を直ちに投げ捨てることはできなかったから、ゴルバチョフ政権発足直後には表向きの態度はあまり変わらないように見えた。しかし、補佐官の後の回想によると、ゴルバチョフが書記長になってまもなく、介入に疑問を投げかけたり、早期解決を要望する投書が党中央に続々と寄せられ出し、八五年一〇月の政治局では、ゴルバチョフが介入の早期停止という基本方針を提案したという(36)。第二七回党大会のゴルバチョフ報告は、アフガニスタンからの段階的撤兵に言及した。これはまだ条件つきの撤兵方針であり、一方的な撤退論ではないが、基本的には撤退の方向を目指しはじめたサインだった。八六年七月のヴラヂヴォストーク演説を経て、一一月にはインド訪問時の記者会見で、ゴルバチョフは「われわれはアフガニスタンから撤退する。ソヴェト指導部はアフガニスタンに部隊を残すつもりはない」と発言した。

一九八六年一一月一三日の政治局会議で、ゴルバチョフは次のように発言した（当時非公開）。このままでいくなら、今後二〇－三〇年も戦い続けねばならなくなる。このままいつまでも続けるのか、それとも戦争を終わらせるのかという問いが出されている。一年か最大限二年で、戦争を終え、軍隊を引き揚げねばならない(37)。このゴルバチョフ発言は、これまでの漠然たる言及を超え、一年ないし二年という明確な日程を設定した点で一つの飛躍を意味した。実際、この後の政策は徐々にではあるが確実な変化をみせていく。一九八六年から八七年にかけて、青年のあいだにアフガン戦争への反感があることを認める新聞記事が現われだした。また、アフガン帰りの元兵士が社会にとけ込めないという問題も指摘され出した（アメリカにおけるヴェトナム帰りと相似した問題）。アフガニスタンにおけるソ連軍の役割に関する批判的な議論も、八七年には徐々に公然と現われはじめた。

一九八七年九月、シェワルナゼ外相はシュルツ米国務長官に、アフガニスタン撤退の方針を伝え、それが一二月のワシントン会談につながった。ゴルバチョフはこの直後に、アフガニスタンからのソ連軍撤退を指令した。このような経緯をうけて、一九八八年二月八日、ゴルバチョフはアフガニスタン撤兵を正式に声明し、五月一五日にはじめて一〇ヵ月以内に完了するという具体的な日程を示した。この声明をうけて、四月にジュネーヴでアフガニスタン平和協定が関係諸国によって調印され、予定通り五月一五日に撤兵が開始された（八九年二月一五日完了）。八九年一二月の第二回ソ連人民代議員大会は、一〇年前のアフガニスタン侵攻の決定を非難し、この決定がブレジネフ、ウスチノフ、アンドロポフ、グロムィコの四人のみでなされ、他の政治局員たちにさえ知らされなかったことを明らかにした。なお、アフガニスタンのナジブラ政権は、この後、ソ連からの経済援助を受けつつ「国民和解」政策を展開して、数年間の安定を保持したが、ソ連解体の衝撃の中で九二年春に倒れ、その後のアフガニスタンではイスラーム諸派のあいだでの内戦が長く続くことになる。

緊張緩和と東西の和解

「新思考」外交と国内改革は、ともに固定的なものではなく、相互に刺激しあいながら、時間とともに拡大した。ペレストロイカが急進化しはじめた一九八八–八九年頃にゴルバチョフらがとっていた考えは、従来のソ連型社会主義は破産したけれども、それを根本的に刷新する大規模な改革を内発的になしうるという点に社会主義の有意味性、またソ連共産党の存在意義があるというものだった。そして、そうした大規模な改革の進行が欧米諸国の人々にも強い印象を与え、ソ連に対する好感を増大させた——今日では想像しにくいだろうが、こうした現象は実際にあった——ことは、「東西の接近と和解」を可能にした（しつつある）というのが彼らの期待だった。

他方、欧米諸国の政権担当者の反応についていうなら、ゴルバチョフ登場直後には、模様眺め、あるいは「お手並み拝見」といった冷ややかな態度が主流だったが、時間とともに、期待と信頼感が高まっていった。一九八八－八九年頃に米政権（レーガンから、まもなくブッシュ父へ）、イギリス（サッチャー）、西ドイツ（コール）などのあいだで有力になった考えは、ソ連を全面的に追い詰める政策はゴルバチョフの面子を傷つけ、交渉を困難にするおそれがあるので、少なくとも外観的にはゴルバチョフの考えにかなりの程度同調する姿勢をとるというものだった。中でも、一九八八年五月末－六月初頭のレーガン訪ソは象徴的な意味をもった。かつてソ連を「悪の帝国」と呼んだレーガンがモスクワで歓迎され、「悪の帝国」発言を撤回したことは、米ソ関係の大きな変化を意味した（後注71参照）。それまでの米政権内で根強かった「新思考外交」への疑念は、この時期にいたって、むしろ「新思考」への共鳴と同調を示す態度に転じたかに見えた。このことは、冷戦が「第一の終わり方」で終わる可能性が高まったことを物語る。

一九八八年末のゴルバチョフの国連総会演説は、「例外なしの選択の自由」、「国家間関係の脱イデオロギー化」などをうたいあげ、具体的には、二年以内に兵力五〇万を一方的削減という軍縮計画――東欧からの六戦車師団撤退を含む――などを打ち出した。同年末から八九年初頭にかけては、アメリカ大統領のレーガンからブッシュ（父）への交代と関連して、米政権内で外交政策再検討のための小休止があったが、まもなく冷戦終焉へ向けての動きが再開した。

この当時、ゴルバチョフは国内で改革が思うように進行せず、左右両翼からの政権批判も増大しつつある情勢のなかで、欧米諸国からの支持を政権浮揚に利用しようとしていた。経済改革の観点から世界経済への参加論が高まり、それは欧米諸国への援助要請へとつながっていった。しかし、この援助要請は、欧米諸国にとってはどこまで援助できるのか、どのように援助すべきか、という問題に関する疑惑と懸念をもたらした。またソ連国内では、欧米諸国への援助要請は「物乞い外交」だとする観点からの反撥が広まり、政権浮揚に役立てようという思惑は裏目に出ることとなった。

東欧激動と冷戦終焉宣言――「第一の終わり方」の絶頂

「新思考」外交は東欧諸国にとっても大きな転機となった。ソ連の改革路線が東欧諸国にとっても大きな刺激となったことはいうまでもない。当時の東欧諸国政権は、改革路線への傾斜を強めつつあった国――典型的にはポーランドとハンガリー、また事情が大分異なるがユーゴスラヴィア――とそうでない諸国とに分かれるが、ソ連のペレストロイカは前者にとっては強い追い風となる一方、後者にとっては困惑と政権不安定化をもたらした。また、東欧諸国の独自改革に対する重石として機能してきた「ブレジネフ・ドクトリン」（制限主権論）が批判にさらされ、ソ連からの軍事介入の可能性が低いことが明らかになるにつれて、東欧諸国での改革にはずみがついていった。

特に先行したポーランドとハンガリーの両国では、改革派主導の政権と在野勢力のあいだで「円卓会議」が進められ、合意に基づく漸進的な体制転換が図られた（もっとも、実際の経過は、その合意を上回る激しいテンポでの転換となったが）。他の諸国では、むしろソ連からの圧力が政権を揺るがせ、短期的な変動の季節が始まった。

このようにして一九八九年秋の東欧激動が展開したが、その際、ソ連が不介入の態度をとったことは、いったん始動した動きが歯止めなく加速する重要な要因となった。「ブレジネフ・ドクトリン」放棄はペレストロイカ初期からほのめかされていたとはいえ、現に非共産党政権がポーランドに誕生する（八九年八月）なかで、ソ連が介入することなく政権交代を放置したことは、何よりも雄弁なその確証だった。これは直ちに一一月のベルリンの壁開放、一二月のマルタ会談における冷戦終焉宣言へと連続した（なお、同時期にゴルバチョフはヴァティカンを訪問し、ローマ教皇とも会談した）。これは「新思考」外交のピークをなし、まさに「第一の終わり方」として冷戦終焉が実現したかに見えた。マルタ会談で米ソ両首脳が対等の姿勢で冷戦終焉を確認したのはその象徴である。

しかし、その後の事態の変化は、その時点での観測を裏切り、「和解ではなく、一方的勝利／敗北だ」という考え、つまり「第二の終わり方」がとって代わるようになった。冷戦期にあった対峙の構造が克服されるのではなく、対峙していた当事者の一方が勝ち、他方が負けたという形である。今日ではこれは当たり前のことのように思われているが、八八－八九年の段階で予期されていたことではなかった。

ドイツ統一問題——対等合併か吸収合併か

以上、一九八九年末までの過程と九〇年以降のあいだには大きな様相の変化があったことを述べてきたが、それを象徴するのは、ドイツ統一および湾岸戦争の展開である。

まず、ドイツ統一問題から見ていこう。東西ドイツ統一の可能性については、ペレストロイカ初期から、一部のソ連の人たちのあいだで話し合われはじめていたが、それはあくまでも不確定の将来における漠然たる可能性としてだった。その状況が変わりだし、より現実味を帯びた可能性と考えられるようになった一つの契機は、一九八九年六月のゴルバチョフ＝コール共同声明で、「いずれの国家も、その政治・社会体制を自由に選択する権利を有する」とされ、「諸国民の自決権の尊重を含めた国際法の原則の規範の制約なき承認」が平和と協力のヨーロッパの礎石である、と明言されたことである。これは抽象的な言葉づかいながら、ドイツ統一の可能性をほのめかすものと受け取られた。

変化に拍車をかけたのは、いうまでもなく一九八九年秋の東欧激動、その一環としての東ドイツにおける政治変動である。一一月九日にはベルリンの壁が開放され、統一は一挙に現実的な展望となった。コール西独首相は一一月二八日に、統一へ向けての「一〇項目提案」を発表し、具体的な日程を示した。

こうした情勢のなかで、ソ連指導部は一九八九年末ないし九〇年初頭には、統一という方向性自体は不可避と認めるようになっていた。残る論点は、統一が具体的にどのような形をとるか――比喩的表現で「対等合併」か「吸収合併」かということが盛んに取り沙汰された――にあった。ソ連外交は、統一が「吸収」という形をとらない方向を模索し、また統一ドイツのＮＡＴＯ残留には強く抵抗した。ゴルバチョフとしては、既に冷戦終焉が宣言されたのであるからには、冷戦の二つの主役であるＮＡＴＯとワルシャワ条約機構はともに存在理由がなくなると考え、二つの軍事同盟の同時解消、あるいはもしそれ以前にドイツ統一が実現するなら暫定的に双方への二重加盟といった案を提示したが、いずれも受け入れられなかった。

東ドイツ（ドイツ民主共和国）国内では、ベルリンの壁開放の時点では、東としての独自改革を進めた上で西との「対等合併」を目指す市民運動が高まっていた。しかし、そのような時間のかかる方式よりも、「吸収合併」方式での統一を目指した方が手っ取り早いとする勢力が急速に台頭し、一九九〇年三月の東ドイツ選挙で勝利を収めた。西ドイツ（ドイツ連邦共和国）でも、連邦共和国基本法二三条方式による吸収合併路線が急激に強まった(38)。こうして、速いテンポでの吸収合併方式が選択されつつある中で、アメリカは統一ドイツのＮＡＴＯ残留を強く支持した。

五月末、ブッシュ＝ゴルバチョフ会談で、ブッシュは統一ドイツのＮＡＴＯ残留を認めるよう強く働きかけ、ゴルバチョフは事実上それを認めることを示唆した。七月のＮＡＴＯ首脳会談ではＮＡＴ

Ｏの性格転換が議論されたが、これはＮＡＴＯがソ連にとって脅威ではないことをソ連に対してアピールし、開催中の第二八回ソ連共産党大会へのメッセージにしようとしたものとされる。他方、ソ連は外貨不足により金融支援を必要としており、ドイツ統一を認める代償としてドイツからの経済援助をとりつけようとしたが、そのことも、交渉におけるソ連の立場を弱くした。

最終的に、七月にコールが訪ソしたときに、ゴルバチョフはＮＡＴＯ残留を含めて統一を認める決意をコールに伝えた。これをうけて、八月三一日に両ドイツが統一条約に調印し、九月一二日に「二プラス四（両ドイツ、および戦勝四大国）」の会議でドイツ統一に関する最終文書が調印されて、一〇月三日に統一が実現した。統一ドイツのＮＡＴＯ残留と関連して、ソ連軍三六万人が東ドイツから撤退することとなり、ドイツは兵力引き揚げの費用を負担することになった。これはソ連がドイツ統一を認めたことへの見返りであり、経済援助としての意味を持ったが、ソ連国内では、「東ドイツを金で売った」として、ゴルバチョフおよびシェワルナゼ外相が激しく非難されるもととなった。

単に東西ドイツが統一するだけであれば、ソ連としても受け入れ可能なことであり、むしろ冷戦終焉の象徴として歓迎することもできた。しかし、それが「吸収合併」方式をとり、統一ドイツがＮＡＴＯに残留する一方、ワルシャワ条約機構だけが解体する（正式には九一年七月）ということは、イデオロギーや体制を離れた地政学的関係における後退以外の何ものでもなく、敗北感がつのることになった。なお、この時点では、ＮＡＴＯとしてはその範囲が旧東ドイツにまで広がることをゴルバチョフに認めさせるのに精一杯だったから、それよりもさらに拡大するということは全く考えられていなかった（コラム⑤参照）。一九九〇年代後半から二一世紀初頭にかけてのＮＡＴＯの東方拡大は、これとは全く異なる新しい情勢の産物である（第Ⅳ章第4節参照）。

和解から敗走へ

ドイツの「吸収合併」方式での統一と並んで、ソ連に大きな衝撃を与えたのは、湾岸戦争の展開である。湾岸危機は一九九〇年八月のイラクのクウェート侵攻で始まったが、アメリカがフセインのイラクに対して強硬策をとることができたのは、「ソ連の脅威」が消え、ヨーロッパ駐留部隊を中東に移送することができたという事情に負うところが大きかった。ソ連はそれまでイラクに軍事援助を行ない、イラク政権に近かったにもかかわらず、この危機に際して国際政治上のイニシャチヴをとることができず、アメリカ主導のイラク制裁に受身的に追随するほかなかった（ソ連外交は武力行使の代わりに政治解決の道を探ることを試みたが、この工作は無力なものにとどまった）。このことはソ連軍部の不満を呼んだばかりでなく、国民のあいだにもゴルバチョフ＝シェワルナゼ外交の有効性への疑念を広めることになった。九〇年末のシェワルナゼ外相辞任はその一つの帰結だった。九一年一月に実戦が展開されると、イラクのソ連製兵器がアメリカのハイテク兵器に敗れ、その意味でも敗北・屈辱感が強まった。

コラム⑤ NATO の東方拡大――1990 年とその後

後に米ロ双方の関係者が回想しているところによれば，統一ドイツの NATO 残留をソ連に認めさせるに際して，ベーカー米国務長官，ゲンシャー西独外相をはじめ，各国の政治家たちは，「NATO を東欧に拡大する意図はない」とゴルバチョフに約束することで合意し，「NATO の守備範囲が現在の位置から 1 インチも東へと移動しないという保証付きの統一ドイツ」を提案していた(39)。

それから 20 年近く経った 2008 年 5 月，ゴルバチョフは，かつて統一ドイツの NATO 残留を認めた際に NATO がそれ以上東に拡大することはないというのがブッシュ（父）との約束だったのに，いまやアメリカがブッシュ・ジュニアのもとでポーランドとチェコにミサイルを設置しようとしたり，ウクライナやグルジアまでも NATO に加盟させようとしているのは明確な約束違反だ，と指摘した(40)。

こうして、冷戦の終焉は、当初期待されたようなソ連のイニシャチヴによる平和の実現ではなく、むしろアメリカ主導の外交攻勢に対するソ連の一方的後退という様相を濃くすることになった。「新思考」外交に関するソ連国内での評価として、一九八九年末頃までは得点として高く評価されていたが、この時期以降、むしろ「屈辱的敗北」という受けとめ方が圧倒的に増大し、そのような敗北の責任者としてのゴルバチョフに対する批判も急激に高まった。これ以降の国際政治においては、(ブッシュ・ジュニア退陣とオバマ登場で変化するまで)アメリカの単独行動主義が強まったが、その端緒をなしたのがこの湾岸戦争であり、それを可能にしたのはソ連の軍事大国としての地位低下だった。

欧米諸国はこうしたなかで、「理念的な勝利」への確信を急速に深めていった。一九九〇年七月のヒューストン・サミットは、欧米型の民主主義が普遍的な価値となったという認識のもと、「民主化を促すための経済援助」という考え方を打ち出した。少し前の五月に調印された欧州復興開発銀行(EBRD)設立協定も同様の考えに立って中東欧諸国への支援を打ち出したが、ソ連の民主化はまだ不十分だとして、対ソ融資を限定した。このような欧米諸国の態度は、ソ連の政策当局にとっては暗黙の圧力となり、一層の市場経済化を進めさせる要因となったが、観点によっては「外国からの不当な干渉」ともみられ、国内を分裂させた。

一九九一年春以降、ソ連の経済改革への欧米諸国からの支援問題がクローズアップされた。ソ連政府としては、経済支援を確保するにはアメリカなどの専門家が「合格」と判定する経済改革プログラムを早急に策定せねばならないということになったが、そのことは国内の論争をさらに激化させた。七月のロンドン・サミットでは、まだ正規メンバーと認められていなかったゴルバチョフが最終日に参加し、改革への支援を訴えた。しかし、明確な成果は得られず、そのことはゴルバチョフの立場をさらに弱めた。

この直後に起きたソ連八月政変は、ゴルバチョフの威信に決定的打撃を与えた。もっとも、クーデタが失敗に終わった後、とりあえずゴルバチョフは政権の座に戻り、新同盟条約の締結によってソ連邦を再編しつつ政治経済改革を進めるための最後の努力を続けた。しかし、この努力は一二月に最終的に打ち砕かれることになる(41)。

小括

以上、冷戦終焉が「第一の終わり方」から「第二の終わり方」にとって代わられる過程についてみてきた。念のため補足するなら、ここで主張したいのは、前者が本来実現するはずだったのに、それが何かの間違いで後者になってしまったというようなことではない。現実政治における力関係において、米ソは「二つの超大国」という外観にもかかわらず、実際には対称的ではなく、ソ連側は明らかに軍事的・経済的に劣勢にあった。そうである以上、「対峙構造の克服」として冷戦を終焉させるというゴルバチョフ流の考え方は、もともと現実性が低かったとも考えられる。とするなら、それが実現するという期待は、一九八〇年代末に知識人たちのあいだに広まった幻想に過ぎなかったのかもしれない。しかし、だからといって、歴史のありうべき進行を一通りではなく二通り想定してみることに、全く意味がないということになるわけではない。

一九八八－八九年当時、欧米や日本の知識人・ジャーナリストたちのうちには、ゴルバチョフの考え方に共感し、和解としての冷戦終焉が実現しつつある――あるいは八九年末に実際に終焉した――と捉える人が多かった。ところが、九一年末のソ連解体以降になると、一転して、「一方的な勝利／敗北」という図式で捉える人が圧倒的多数になった。アメリカの政治家（の一部）が、当時もその後も「勝利／敗北」図式で考えているのは首尾一貫性がある（もっとも、アメリカの政治家たちのあいだでも、当初は、「〔冷戦終焉において〕勝者も敗者もない」とか「〔米ソの〕双方が勝者だ」といった発言が珍しくなかった。「われわれ〔アメリカ〕は冷戦に勝ったのだ」という言い方が急増するのは、ソ連解体後のことである[42]）。他方、日本の知識人の中には、当時は「和解」図式で考えていたのに、数年後にはそのことを忘れ、いつのまにか「勝利／敗北」図式に変わっている人が多い。考え方が変わること自体を批判するつもりはないが、考え方の変化ということにもう少し自覚的であってもよいのではないだろうか。いつのまにか無自覚のうちに変わるというのは、知識人の態度としてふさわしくないと思われてならない。

二つの終わり方のうちの一つの方が実現可能性が高かったとしても、それは機械的な必然ではなく、もう一つの――たとえ現実性は相対的に低かったにしても、かなり多くの人たちによって願望されていた――選択肢を排除することを通して現実のものとなった。そこには選択の契機があった。ところが、後になってみると、そのような選択があったという意識自体が失われ、あたかも現に生じた成り行きが唯一の必然的な道であったかに考え、それを自明視する発想が広められた。実は、そのことこそが、冷戦後二〇年近く続いたアメリカ一極支配状況――今ではようやくそこからの転換が始まろうとしているかに見えるが、なお先行きは不透明である――の前提条件をなしたのではないだろうか(43)。冷戦後のアメリカが、ごく最近に至るまで、単独行動主義を強め、「新しい帝国」などと言われたことの一因は、冷戦終焉が「アメリカの一方的な勝利」として総括されたことにあり、そのことは後のNATO東方拡大などにも現われている（この問題については第Ⅳ章第4節で論じる）。

4　軟着陸の試みから崩落へ

「安楽死」か「殺害」か

前節では、冷戦終焉の「第一の終わり方」が「第二の終わり方」にとって代わられたことを述べたが、同様のことは、国内情勢およびペレストロイカ全般についても当てはまる。いうなれば、「ソヴェト社会主義の終わり」もまた、冷戦終焉と同様に、「第一の終わり方」と「第二の終わり方」とがあり、当初優勢であるかにみえた前者が、ある時期以降、後者にとって代わられたのである。

このようにいうと、ペレストロイカはもともと「ソヴェト社会主義の終わり」を目指したものではなく、むしろその刷新・再生を目指したものだったのではないか、という疑問が出されるだろう。それはその通りである。しかし、第2節で見たように、ペレストロイカの展開は次第にその「改革」の幅を広げ、一九八九―九〇年頃までには、体制転換としての性格を帯びるようになっていた。ゴルバチョフの事実上の社会民主主義化については既に見たところだが、社会民主主義は長らくソ連の公式見解において全面否定されていたものだったから、それに接近するということは、ソ連的な意味での「社会主義」からの離脱を含意した。すぐ後で触れる「私有化」論は、国有企業中心の経済システムからの離脱を意味し、事実上の資本主義化に接近するものだった。こうして、この頃のペレストロイカは「ソヴェト社会主義の終わり」としての性格を色濃くしていた。

ゴルバチョフはそのような政策をとる一方で、「社会主義」の語を拡張解釈することで、「これでもまだ社会主義の枠内だ」とする説明を行なった。これは彼自身の「社会主義」の語への心情的コミットによるところもあるが、それと同時に、一挙にあからさまな全面転換を進めると抵抗や反撥が大きくなることを考慮した戦術的配慮のあらわれでもあった。つまり、事実上は、「ソヴェト社会主義の終わり」を目指していながら、それに伴う抵抗・混乱をできるだけ小さなものとすることにより、カタストロフを避け、軟着陸を目指すという方針である。

このような路線を「第一の終わり方」と呼ぶなら、一九九〇年前後から台頭した急進派の方針は、より明確な旧体制の否定を目指し、一種の革命を実現しようとするもので、これを「第二の終わり方」と呼ぶことができる。別の言い方をするなら、前者は「（ソヴェト社会主義の）安楽死」路線であり、後者は旧体制の一挙的破壊という意味で「殺害」路線ともいえよう。ゴルバチョフを先頭とする「中道」路線は前者を模索したのに対し、エリツィンを先頭とする「急進派」は後者を選択した。一九九〇－九一年の政治過程は、この両者のせめぎ合い、そして後者の勝利として概括することができる。

経済情勢の悪化

一九八九年末頃までがペレストロイカの上昇過程だったとすれば、九〇－九一年は急下降の過程をなした。その主たる契機は、一つには、冷戦終焉が「第二の終わり方」になり、「弱い指導者たるゴルバチョフが東欧同盟諸国を失った」という見方がソ連国内に広まったこと、もう一つには、経済改革の試みが短期的効果をあげなかったばかりか、むしろ経済情勢の悪化をもたらしたことへの国民の不満にあった。第一点については前節でみたので、ここでは第二点について検討しておきたい。

ペレストロイカ初期にはおずおずと唱えられるに過ぎなかった「市場メカニズムの利用」論は、一九八九－九〇年には、国有企業の私有化を含む「市場経済移行」論――事実上の資本主義への接近

――へとエスカレートした。そうした中で、一九九〇年夏、市場経済移行実現のためのプログラムが二通り作成され、そのどちらを採択するかが大きな争点となった。その一つは、ゴルバチョフとエリツィンの共同指令によってつくられた経済学者チームの作成になる、いわゆる「五〇〇日案」――「シャターリン＝ヤヴリンスキー案」とも呼ばれる――であり、もう一つは、ルィシコフ首相の率いる連邦政府が独自に作成したプログラムである。秋になって、エリツィン陣営は「五〇〇日案」の採択を強く主張し、関連してルィシコフ政府の退陣を要求した。そうしたなかで、両者の板挟みになったゴルバチョフは、両案の折衷案作成を指令し、一〇月にこれが採択された。

　この経過に関し、ロシアのエリツィン派および諸外国で彼らを支持する観察者たちは、ゴルバチョフは保守的な連邦政府に譲歩して、ラディカルな「五〇〇日案」を放棄し、経済改革の目標から後退したのだとの解釈を力説した（その後も、この解釈は有力説であり続けている）。しかし、実際には、連邦政府案にしても、市場経済への移行を目標とするという限りでは「五〇〇日案」と決定的に隔たっていたわけではない。両案の違いは、そうした目標よりも、むしろ経済改革推進の主要な担い手を連邦政府とするか共和国政府とするかの選択にあった。つまり、このときの論争は純粋の経済政策上の差異に基づくというよりも、むしろ政治的な権力闘争としての性格が濃厚だった。

　こうした情勢の中で、遂に経済実績の低落が始まった。もともと社会主義経済は種々の非効率性をはらむとはいえ、それなりに実効的に機能することができ、この少し前まではともかくプラス成長を実現していたが、この時期に、遂にマイナス成長へと転化したのである。ここで押さえておかなくてはならないのは、経済の低落は、市場移行を認めるかどうかというような抽象的次元にかかわるというよりも、政治闘争激化と関連して各種経済主体間の交渉・調整が麻痺しはじめたという要因が大きいという点である。

政治改革進展の中で政治家たちがそれまでよりも国民の要求に耳を傾けるようになったことは、その副産物として、諸方面からの財政支出要求に応じる度合いを高めたが、それは通貨発行量の急速な増大、需給ギャップの一層の拡大を招き、深刻なインフレーションおよび物不足激化のもととなった。各共和国が自立化の度合いを高め、共和国を越えた物資の流通に対する規制を強めたことは、全連邦的市場を分断し、経済的連関の機能不全につながった。いくつかの共和国政権は自共和国領土内に存在する全連邦管轄企業や天然資源を共和国管轄に移すということを一方的に宣言し、一種の経済戦争が国内で発生した。こうした事態が指令経済型のメカニズムを機能不全に追いやる一方で、市場に依拠した新しいメカニズムがまだ作動しないという中間的状態が生じたが、そのことは経済状態悪化の大きな要因となった。

こうして、一九九〇年頃からソ連経済は悪化の度を強めた。これは経済改革が全くなされなかったからということではなく、むしろ経済改革がある程度踏み出されたことが短期的にはかえって矛盾をより一層凝縮させたということである。しかし、当時の政争激化の中では、そうした事情の冷静な分析よりも、「経済状態悪化は連邦政府のせいだ」という政治宣伝が優先されがちだった。マイナス成長の開始とはいっても、まだ急激な低落ではなく、生活水準の一挙の低下をもたらしたわけではない——本格的急落はむしろソ連解体後に訪れることになる——が、「改革は向上をもたらすはずだ」という期待が広まっている状況の中では、わずかな低下だけでも、国民の不満を増大させ、政権の人気は急激に低下していった。

ゴルバチョフの孤立

以上にみてきたような事情から、一九八九年末までそれなりの高さを保持していたゴルバチョフに対する支持は、九〇年から九一年にかけて急落した。一般的な評論で、ゴルバチョフの人気が高かったのは国外だけで、ソ連国内ではずっと低かったという風に描き出されることがよくあるが、それは九〇年春以降の急激な変動をそれ以前に投影したものである（コラム⑥参照）。

そうした情勢の中で、政治的分極化が一層強まった。ペレストロイカのエスカレーションは国家権力の弱体化、社会的紛争や犯罪の激増、全般的な秩序解体傾向をもたらしていたが、そうした状況に対して、「強い腕」——強大で権威ある当局——を望む発想が広まりつつあった。こうして、一九九〇年秋以降、社会秩序維持と国家権力強化を最重要視する潮流が台頭した。この潮流は通常「保守勢力」と特徴づけられることが多い。この特徴づけはあながち間違っているとは言えないが、ただ、こ

コラム⑥　ゴルバチョフ支持率の変化

一般に政治家の支持率測定は，種々の困難を伴う。ペレストロイカ期のソ連ではさまざまな世論調査が盛んに行なわれたが，技法の未熟さもあり，また世論のうつろいやすさもあって，誰がどの時点でどの程度の支持を得ていたかを正確に確定することは至難である。しかし，同一機関が同一技法での調査を一定の期間おきに反復している場合には，個々の数字の絶対数はさておき，時系列的な変化についてはそれなりに信頼できるものと見なすことができる。

ここでは，3種類のものを紹介する。第1は，全ソ世論調査センターによる継続調査で，それによれば，ゴルバチョフ支持率は1989年12月の52％から，90年1月の44％，5月の39％，7月の28％，8月の23％，10月の21％と低下した。第2は，同じセンターが毎年の暮れに行なった「今年の人」に関する調査で，1988年末には55％がゴルバチョフを挙げていたのが，89年末には46％，90年末には19％と低下している。第3は，党中央委員会付属社会科学アカデミーの調査で，90年6月にはまだゴルバチョフに60％の支持があった（不支持は27％）が，同年11月には25％へと急落した（不支持は51％）(44)。

個々の数字はさておいて趨勢としていえば，89年末ないし90年初頭にはそれなりの高さをもっていた支持率が90年を通じて急落したことが明らかである（ゴルバチョフの人気がエリツィンに抜かれたのがいつかは，調査による差異もあり，一義的には確定できないが，およそ90年春から夏にかけてのことと見られる）。

こでの「保守」とは、ペレストロイカ以前にあったような社会主義体制を保守する——あるいはそこに復古する——という意味ではもはやなくなっていたことに注意しなくてはならない。この時期の「保守派」は、少なくとも表向きは、複数政党制や市場経済といった原則を否定することはもはやなくなっており、むしろ秩序維持のための国家権力強化、そして連邦解体を食い止めて連邦を死守するという点に重点があった。

象徴的なことに、この当時の「保守派」のあいだで、チリのピノチェトを理想化してモデルとする議論が盛んにささやかれた。ピノチェトはいうまでもなく、一九七三年のクーデタでアジェンデ社会主義政権を倒し、以後、左派系の人々に対する大規模な弾圧を行ない、経済面では新自由主義政策をとった人物である。このような人を賛美するということは、共産体制復古という意味での「保守」とは方向性を全く異にし、むしろ、多くの途上国で見られる「開発独裁」的な権威主義という性格を帯びていた（このような「開発独裁」的権威主義への傾向は、その後の旧ソ連諸国の多くにも引き継がれている）。

このような意味での「保守派」ないし連邦死守派の中で、とりわけ軍が突出し、連邦維持に関し強硬姿勢をとるようゴルバチョフに圧力をかけたため、ゴルバチョフも一時的にこの潮流に歩み寄る態度をとった。そのことは急進派の強い反撥を招き、ゴルバチョフをさらに孤立させた。こうした中で、ついに九一年一月にはリトワニアのヴィリニュスとラトヴィアのリガで、相次ぐ流血事件が起きた。この二つの事件は、単なる偶発的衝突にとどまらず、合法的な共和国政権——両共和国とも非共産党・民族派政権ができていた――を軍事力で打倒しようとする政権転覆の試みという性格を帯びていた。リトワニア、ラトヴィアそれぞれの「救国委員会」なる団体が登場し、権力掌握を宣言したことは、そうした思惑があったことを示している。しかし、この目論見はゴルバチョフによって公認されず、共和国政権転覆は実現しなかった。このとき軍とKGBが突出した行動をとったことは、半年後の八月クーデタにつながる意味をもった。

他方、いわゆる急進派は、ゴルバチョフの中道路線――事実上の社会民主主義化志向――を中途半端で不十分なものと見なし、純粋市場経済化を強く主張するようになった。この時期は、ちょうど世界中で新自由主義（ネオリベラリズム）が流行していたという背景もあり、ロシアでも、社会民主主義を「まだ社会主義にこだわっている」として否定する市場原理主義的発想が広まった。「社会志向の市場経済」とか「調整された市場経済」という言い方をゴルバチョフらがとるのに対し、一方では「社会主義的原則からの離反」だとする批判、他方では「まだ社会主義にとらわれていて、本物の市場経済ではない」とする批判が浴びせられ、彼の支持基盤はやせ細っていった。

なお、このような政治的対抗激化のなかでも特に大きな意味を持ったのは、連邦を構成する諸共和国の政権――なかでも最大の位置を占めるロシア政権（エリツィン最高会議議長、後に大統領）――が連邦中央政権（ゴルバチョフ大統領）への反抗姿勢を強め、連邦制の遠心化が強まっていったことである（コラム⑦参照）。これは非常に重要な論点だが、あまりにも複雑な問題であり、別のところで詳しく論じたことでもあるので、本書ではあえて深入りしないことにする(45)。

和解の試み――「九プラス一の合意」

いまみたように、一九九〇年末から九一年初頭の時期には、政治的分極化が進行するなかで、国家秩序強化・連邦死守を重視する勢力――いわゆる「保守派」――にゴルバチョフも歩み寄るかにみえたが、一九九一年春に、次の転機がやってきた。ゴルバチョフ（連邦権力）とエリツィン（ロシア共和国権力）のあいだで対話の試みが再開され、前者の後者への譲歩によって、和解の道が探られるようになった。それを象徴するのが、四月二三日のいわゆる「九プラス一の合意」――独立派を除く九つの共和国の首脳とゴルバチョフ大統領の合意――である。これは連邦制再編に関して共和国の主導性を大幅に認めるもので、政治対決から協調への転換の道を開こうとするものだった。しかし、直前まで激しく対立していた両者の接近は微妙な駆け引きの形をとらざるをえず、それぞれの陣営内に妥協反対論が生まれたため、協調路線の実現は円滑には進まなかった。こうして、政治的分極化継続の中でのきわどい綱渡りが続いた。

六月には、ロシア共和国の大統領選挙でエリツィンが当選した。ロシア共和国の人口はソ連全体の約半分を占めており、そのロシアでエリツィンが直接選挙で大統領になったことは、ゴルバチョフの政治的生き残りのためにもエリツィンへの歩み寄りが不可欠だということを明確にした。ゴルバチョ

コラム⑦　ソ連政権 vs ロシア政権

ソ連という国の特異な構造にあまり通じていない人たちがいだきがちな漠然たるイメージでは,「ソ連」とはロシアがある一時期にとった国名で，その後，また元のロシアに戻った――要するに,「ソ連」と「ロシア」は名称やイデオロギーが違うだけで，同じ国だ――と考えられていることが多い。そのような理解に立つなら,「ソ連政権」と「ロシア政権」とが同時期に並存し，両者が対立するなどということは思いもよらないだろう。しかし，ソ連は15の共和国で構成される連邦国家であり，そうした構成諸共和国の一つとして「ロシア共和国」というものが存在していた。従って,「ソ連中央政権」と区別される「ロシア共和国政権」やその他の共和国政権も同時に存在していた。

そうはいっても，ペレストロイカ以前においては，ロシアその他の諸共和国政権がソ連政権に対して独自性を示すということはほとんどあり得ず，その存在が注目されることもなかった。ところが，1990年5-6月の第一回ロシア人民代議員大会でエリツィン・ロシア政権が発足すると，これとゴルバチョフ・ソ連政権とのあいだで激しい対抗関係が展開することとなった。ソ連の中枢を占めるロシア政権がソ連政権と対立するというのは前代未聞のことであり，この対抗がやがて――他の諸共和国政権の動向とも複雑にからみあいながら――ソ連国家の解体へと導いていくことになる。しかし，この複雑な過程の解明には別個の著作が必要である（前注45参照)。

フのエリツィンへの接近はまた、欧米諸国の経済援助問題とも連動していた。欧米諸国はゴルバチョフとエリツィンの協調を促し、両者の連携を前提とした援助を提案していたからである。

他方では、連邦政府・議会からのゴルバチョフ批判が公然化した。連邦権限の多くを共和国に譲るというゴルバチョフの譲歩は、連邦政府・議会の頭越しに行なわれ、連邦政府・議会の権限を大きく削減するものだったから、彼らがこれに反撥したのは不思議ではない。少し後の八月クーデタが連邦政府・議会の要人によって推進されたのは、このような構図を背景としている。

七月の共産党中央委員会総会でゴルバチョフが提出した新しい党綱領草案は、「共産主義」という言葉をほとんど使わず、事実上の社会民主主義化を目指す内容のものだった(46)。この草案は、年末に開催予定の臨時党大会の場で正式採択することが提案された。ゴルバチョフの思惑としては、その大会で共産党を社民党に転化させ、それに反対する勢力と分裂するというシナリオが念頭にあったと考えられる。しかし、このシナリオは実現のための時間を与えられず、八月クーデタによって中断された。

八月政変

八月クーデタは、ゴルバチョフが「病気」で執務不能という名目上の理由で、非常事態国家委員会という機関が大統領の権限を奪い、非常事態の導入を宣言するという形で行なわれた。このクーデタの中心となったのは連邦政府の要人たちであり、上述のように連邦政府とゴルバチョフ大統領のあいだで溝が開いていたことの極限的な帰結だった。このクーデタは通常、「保守派」「守旧派」によるものと特徴づけられることが多い。しかし、非常事態国家委員会の声明をよく読むと、ひたすら「秩序維持」が強調され、共産党にも社会主義にも全く言及していない。その意味では、イデオロギー色の薄いクーデタということになる。秩序を回復しつつ改革は続けるとも述べており、少なくとも表向きの文言としては、ペレストロイカ以前の体制への復帰を目指そうとするものではない。クーデタは共産党の名においてではなく副大統領・首相をはじめとする国家機関の名において行なわれた（ゴルバチョフは病気のため大統領職を遂行できなくなったと発表されただけで、共産党書記長職には言及されなかった）。いうなれば、「特殊イデオロギー的クーデタ」ではなく、多くの途上国でしばしば見られる「普通の軍事クーデタ」に近い性格を帯びていた。もちろん首謀者の大半は共産党の高い地位についている人たちだったが、そうした人たちでさえも、共産主義イデオロギーによって自己の行動を正当化することはできず、ただ「社会秩序解体のおそれに対処するため」ということを唯一の大義名分とするしかないと感じていたということである。

他方、クーデタに対抗するロシア権力を中心とする動きは、「クーデタ以前の状況への復帰」という域を超えて、独自の革命に転化した。クーデタの首謀者が連邦政府の要人であり、これに対抗した勢力がロシア政府を中心としていたため、対決は「連邦 vs ロシア」という形をとり、この対峙を通して、一挙にロシアが連邦に対する優位を占めるようになった。連邦に対するロシアの勝利と並行して、共産党に対する在野勢力の勝利という意味での「革命」も同時に進行した。「民主ロシア」――一九九〇年ロシア人民代議員選挙のときに登場した急進派の選挙ブロック――に結集する諸勢力は、ロシア共和国やモスクワ市ではその前から一応権力の座についていたものの、連邦権力に対していえば「野党」的な位置にあったが、反クーデタ闘争の中心を担うことにより、一挙に共産党を崩壊に追い込み、権力中枢を掌握することとなった。しかし、これはいわば「早すぎた勝利」であり、準備のないままに権力の座についた「民主ロシア」派はこの後、分裂と混迷の時期を迎えることになる。

共産党はクーデタ時に明確な態度を示すことができず（裏では、党書記局の名義でクーデタ支持の指令が地方組織に送られていたことが後に暴露された）、一挙に威信を失墜した。エリツィンは八月二三日に、ロシア共和国領土内での共産党の活動を一時停止させる大統領令を出した。その時点ではゴルバチョフは直ちに党を解散させることに消極的だったが、まもなく流れに抗しがたいことを悟り、二四日に、共産党書記長辞任と中央委員会解散勧告の声明を発表した。茫然自失していた党組織は、その時点では何ら抵抗することさえもできず、自然崩壊に向かった。一一月六日には、エリツィンの大統領令で正式に共産党解散が指示された。共産党再建運動が始まるのは、しばらく時間を経過した後のことである。

中道路線の困難性

この章を結ぶに当たって、中道路線の困難性という問題について考えてみたい。

冷戦であれ「現存した社会主義」であれ、その終わりが迫りつつあったことは明白であるにしても、具体的にどのように終わるかまで予め決定されていたわけではない。本書では、両者について「第一の終わり方」と「第二の終わり方」という二通りの道を想定しているが、はじめのうち一定の実現可能性をもつかに見えた前者が、やがて後者によって押しのけられたというのが現実の歴史ということになる。これまで述べてきたように、ゴルバチョフを先頭とする「中道」路線は前者を模索したのに対し、エリツィンを先頭とする「急進派」は後者を選択した。この両者は終着点ないし長期展望において異なるというよりも、そこに至る過程をどのような形で乗り切るかの違いだったが、にもかかわらず「急進派」は「中道派」のことを「旧体制の化粧直し」に過ぎず、「保守派」と大差ないものと描き出し、そのような宣伝のもとで大衆的支持を拡大して政治的勝利を収めた。

「中道」路線と「急進」路線とが長期展望においては大きな差がないとするなら、同じ目標を実現するのに大きなコストを要する後者よりも、比較的小さなコストで軟着陸を目指す前者の方が合理的だという判断が成り立ちうる。しかし、現実の歴史過程においては、そのような判断が優位を占めることはなく、むしろ中道路線は無力化し、急進路線が大衆的支持を獲得した。このことの意味について考えなくてはならない。

社会体制の根本的な変動というものは、一般的にいえば、それほど頻繁には起きないものであり、安定期には想像することも難しい。だが、いったんある程度大きな変化が起きはじめると、大勢の人々が熱狂的に立ち上がって、急激に既存体制打倒の運動に参加するようになる。それまでおとなしかった人たちも、まわりに煽られて短期間に急進化し、ひたすらラディカルな変化、短期的な激動を求めるという方向に走りだし、中道路線を押し流すという傾向がある。大衆運動に固有の一種のはずみのようなものが、この勢いを加速する。

皮肉な話だが、このように急激な急進化が中道路線を押し流すという推移は、一九一七年のロシア革命のときと似たところがある。ロシア帝国が二月革命で倒れた直後、最初はリベラル派——およびある時期以降は、リベラルと穏健社会主義者たちの連合——が「臨時政府」という形で政権を握ったが、彼らは権力を保持することができず、より急進的なレーニンの率いるボリシェヴィキに打倒された。それから七四年後の一九九一年のソ連の動きは、ちょうどこれをひっくり返したような形で、穏健改革論が洗い流され、急進改革路線が主導的になっていった。当時のソ連で、よく「逆方向のボリシェヴィズム」という言い方がなされたが、これは、かつてのボリシェヴィズムと方向は逆だが方法は酷似しているということを指している。かつては社会主義化を目指し、今度は資本主義化を目指すという違いはあるが、目的さえ正しければどのような手段も正当化されるという考え方が優位を占めた点では共通する。こうして、中道路線より急進路線が優位となり、最終的にソ連解体という帰結に落ち着いていった。

いずれにせよ、一九九一年末に生じた現実は、ある時期までそれなりに進められつつあった「第一の終わり方」が「第二の終わり方」にとって代わられたということである。冷戦にしろ、ソ連型社会主義にしろ、それがやがては終わらざるを得ないということと、具体的にどのように終わるかということとは別であり、現に実現した終わり方が唯一の道だったと考えるのは、歴史の多面性を見落とすものである。にもかかわらず、現に実現したものは既成事実としての重みをもち、あたかもこれが唯一の必然的な成り行きであるかのように見なされている。一九九二年以降の歴史は、ただ単に「冷戦が終わった」「ソ連型社会主義が終わった」というだけでなく、特定の終わり方をしたことによって規定されているが、そのこと自体があまり自覚されていない。このような形で直前の時代が「終わった」ことによって始まった新しい時代が、どのような課題を無自覚のうちにかかえ込まざるを得なかったか——その問題について考えるのが次章の課題となる。

Ⅳ　「その後」——どのような変化が進行しているのか

1　さまざまな種類の「自由主義《リベラリズム》」

体制移行への視点

冷戦後の世界を特徴づける言葉は、グローバル化、ボーダレス化、「テロとの戦い」などをはじめ、多数のものがあるが、中でも大きな位置を占めてきたのが「民主化と市場経済化」というキャッチフレーズだったことはいうまでもない。研究者の世界では、「民主化と市場経済化」を現代史における主要な潮流と捉える観点に立って、その進展、阻害要因、発展段階——「移行」から「固定化」ないし「定着」へ——などを考えようとする人たちが急増した。こうした議論は「移行論」ないし「移行学」と呼ばれ、一九九〇年代に大流行した(47)。

もっとも、旧社会主義諸国における体制転換ないし移行が当初期待されたほど順調には進まなかったことから、ある時期以降、幻滅感をまじえて「改革の逆行」とか「権威主義化」などが指摘されることも増えてきた。とはいえ、その場合にも、「あるべき方向」が「民主化と市場経済化」だという図式を維持した上で、その「あるべき方向」からの「逸脱」や「逆行」を論じるのであれば、大きな方向性に関する概念枠組み自体は連続していることになる。しかし、ただ単に現実の「移行」が期待されたほど順調でないというだけでなく、それを捉える理論図式にも問題があったのではないかという反省も、近年では次第に増大しつつある(48)。特に問題なのは、「到達すべき目標地点」が安易に自明視され、改革が進められれば必ずそこに行き着くはずだという目的論的な発想が前提されがちだった点である。

この問題をめぐる一連の議論は、直接的には旧社会主義諸国の体制転換をどう捉えるかということに端を発しているが、理論枠組みの射程は、それを超えて、より広いものがある。そもそも冷戦期における「二つの体制の対抗・競争」が「一方の側の勝利／他方の側の敗北」として決着し、敗者の側が勝者の側に接近すべく体制転換を進めているというのが、ここでいう「移行論」の基本図式だったから、そこには、人類社会のあり方に関するある種の一般的な判断が、暗黙にもせよ前提されている。

そうである以上、「移行論」について本格的に反省しようとするなら、旧社会主義諸国の具体的動向という問題だけには尽きない、より一般的・普遍的な性質の議論にまで視野を拡大しないわけにはいかない。

とはいっても、社会哲学・社会思想――そこには政治・法・経済・文化等に関する一般論が含まれる――を本格的に展開するなどという大事業は、著者の能力を大きく超えているし、本書のような小著で論じきれるものでもない。ここでは、とりあえず「自由主義（リベラリズム）」という言葉の多義性を手がかりに、問題の所在をいくらかなりとも明確にすることを試みたい。やや抽象論に傾斜してしまうが、ここまで視野を広げておかないと、議論枠組みの再設定ができないのではないかということで、あえてこうした基礎的問題からこの章を始める次第である。

自由主義概念の多義性

ソ連・東欧圏解体の直後には、「自由主義の勝利」という大合唱があり、誰も彼もが「自由主義者」になったかに見えた。だが、そこでいう「自由主義」がどういうものであるのかについては、実は、意見の一致がなかった。それから二〇年間の歴史は、勝利した自由主義の内部分解の過程だったということもできる。とすれば、この概念についての再検討を避けて通ることはできない。

「自由主義（リベラリズム）」という言葉は極度に多義的であり、いくつかの用法を区別する必要がある。たとえば、「ネオ・リベラリズム」（冷戦終焉にやや先立ち、一九八〇年代から世界的に流行しはじめた）と「ニュー・リベラリズム」（一九世紀末から一九三〇年代くらいの時期に広く使われた）とは、日本語に訳すならともに「新自由主義」だが、両者のあいだには大きな違いがある。単純にいって、歴史的により古い「ニュー・リベラリズム」は、古典的自由主義に一定の修正を施し、混合経済あるいは福祉国家的な方向を志向したのに対し、そのような試みが一定期間実践された後に台頭した「ネオ・リベラリズム」は、「大きな政府」から「小さな政府」への復帰を重視しようとするもので、同じように「新」とはいっても、両者の方向性は逆向きになっている。こうした経緯を踏まえるなら、今日の「新自由主義」はむしろ「新・新自由主義」といった方がよいかもしれない。とはいえ、現代においては「ニュー・リベラリズム」のことはあまり意識されておらず、「ネオ・リベラリズム」が「新自由主義」の代表と見なされているのが現実であるので、以下で「新自由主義」と記すのはネオ・リベラリズムのこととする。

アメリカにおける用語法は、さらに特殊な事情が付け加わっていて、より複雑である。経済面でのネオ・リベラリズムに近い政治思想は、アメリカの政治理論・哲学では「リバタリアニズム」と呼ばれており、「リベラリズム」とはむしろ対抗的な関係にある。それというのも、アメリカでは、ヨーロッパなら社会民主主義的とされるような政策を主唱する潮流を「リベラル」と呼ぶのが通例であり、そのような意味での「リベラル」と対立する潮流は、自己を「リベラル」と呼ぶことができないため、それとは別の言葉として「リバタリアニズム」を使っているわけである。このような言葉づかいの特徴はそれとして確認しておくべきことだが、有力な社会民主主義政党が存在せず、リベラルが事実上それに代替するというのはアメリカ社会の特殊性であり、あまり一般性をもつ話ではない。

このように多様に使われている「自由主義(リベラリズム)」の語義をきちんと考えていくためには、まず経済面と政治面とを区別し、両者の相互関係、そしてまたそれぞれの中での下位区分について検討していく必要がある。いくつかのステップを踏んで考えてみよう。

経済的自由主義と政治的リベラリズム

経済的自由主義および政治的リベラリズム――両者の区別を明確にするため、これ以後、前者については「自由主義」、後者については「リベラリズム」という表記をあてることにする――は、それぞれどういうものであり、それらはどういう相互関係にあるのだろうか。この問いに丁寧に答えようとするなら、本来、複雑な議論を延々と繰り広げねばならないところだが、それは本書の狙いをはみ出すことになる。とりあえず、ごく大まかに言っておくなら、経済的自由主義とは経済主体――個人であれ企業であれ――の自由を尊重し、それらの経済活動の調整は基本的に市場の「見えざる手」に委ねようとする発想だといえるだろう。これに対し、政治的リベラリズムとは、個人の思想・信条・宗教などにかかわる言論・集会・結社の自由などを重視し、国家がみだりにこうした領域に立ち入ることのないよう、国家の手をできる限り縛っておこうとする発想だとして大過ないだろう。

経済的自由主義と政治的リベラリズムのいずれについてももっと突っ込んで考えるべき点があるが、それは後回しにして、この段階で続けて考えねばならないのは、この両者の相互関連如何という問題である。これは一見したところ、浮世離れした抽象論のように思われるかもしれないが、実は、旧社会主義諸国の体制転換の具体的進行に深くかかわる現実的問題である。というのも、体制転換初期に大流行した「移行論」の主流は、経済面での自由主義化がほぼ自動的・必然的に政治的リベラリズムを伴うかに想定する傾向が強かったからである。もしその通りだとするなら、とりあえず経済的自由主義をひたすら推進することが何よりも重要であり、政治的リベラリズムについては独立の課題として力点をおくには及ばないということになる。

もっとも、文字通りこのようなことが当時、特定の人によって説かれたというわけではない。政治的リベラリズムは多くの人にとって「望ましい目標」として意識されており、それを「後回しにしてよい」などということを大っぴらに説くのはほとんどありえないことだった。にもかかわらず、多くの言説における力点の置き方からすれば、経済的自由主義が最重要視され、政治的リベラリズムはいわば「ついでに」達成されるというような低い位置づけしか与えられなかったのが実情だった。結論を先取りしていえば、このような経済的自由主義優先の発想が政治的リベラリズムを置き去りにしたのが、その後の流れだったということになる。

やや議論が先走ってしまったが、もとの議論に戻る。経済的自由主義にせよ、政治的リベラリズムにせよ、個人あるいは私的団体の自由を重視し、国家の社会への介入をみだりに拡大すべきでないと考える点では共通している。である以上、両者を結びつけて考えることにはそれなりの理がある。しかし、両者が具体的に重視する領域はどこかと考えるなら、一方は企業の経済活動重視、他方は言論・集会・結社の自由などの重視ということで、無視できないズレがある。また、政治的リベラリズムの観点からは、少数派の地位に追い込まれた人の基本的権利をどのように擁護するかが大きな課題となるが、経済的自由主義にとっては、その点はあまり大きな問題とはならない。こういうわけで、両者は重なり合う部分があるにもせよ、完全に同じというわけではなく、局面によっては緊張関係に立つこともある。

いま書いたことは、新説でも珍説でもなく、ある時期まで広く認められていた常識ともいうべきものだが、問題は、その常識が「社会主義後」の情勢の中で一時的に忘れられかけたことである。もともと経済面での資本主義と政治面での自由民主主義（リベラル・デモクラシー）のあいだには緊張関係があるというのが政治学の常識だったのだが、冷戦終焉直後の時期には、むしろ資本主義とリベラル・デモクラシーは表裏一体だ——従って、資本主義を目指す経済改革とリベラル・デモクラシーを目指す政治改革も一体だ——という考えがあたかも「常識」であるかのように見なされ、広められた。もっとも、アメリカの有名な政治学者ダールは、ソ連解体直後の著作で資本主義とリベラル・デモクラシーの緊張に満ちた両義的関係について語って、もともとの持論を再確認しているが(49)、これは今ではむしろ稀な例であるように見える。

経済的自由主義と政治的リベラリズムとが同じものではなく、一方の追求が他方を置き去りにすることがありうるということは、他ならぬ戦後日本の場合を思い起こせば明らかなはずである。戦後日本で、つい最近までほぼ一貫して政権の座にあった自由民主党(本書執筆が終わりに近づいた二〇〇九年八月総選挙で遂に下野した)の政治家の中には、その党名にもかかわらず、およそ政治的リベラリズムとは異質な――むしろ「リベラルな」発想を唾棄するタイプの――人が少なくない。そうした政治家にとって何よりも重要なのは、経済体制としての「自由経済」であって、政治的リベラリズムではない。そして、現代ロシアにおいても、政治的リベラリズムを置き去りにしつつ、市場経済化が進行している。これを「改革の逆行」と評する人も多いが、むしろ「改革」の語のもとに、特異な方向性――ひたすら市場経済化を優先し、それさえ進めれば政治的リベラリズムはそれに伴って自然に実現されるという発想――が選択されたことの当然の帰結だとみた方が事態の経過に即している。

「自由経済体制」と「新自由主義」

以上、経済的自由主義と政治的リベラリズムの関連について考えてきたが、次に、経済の側面についてもう少し掘り下げてみよう。経済面における自由主義についても、大きくいって二通りの異なった用語法があり、これを区別して考える必要がある。

第一の用語法は、統制経済や指令経済に対置して市場経済を擁護する場合に自由経済といわれるような経済体制概念であり、これは資本主義体制と言い換えることもできる(50)。戦後日本の自由民主党政権が「自由経済を守れ」と叫んできたときに第一義的に念頭におかれてきたのがこの側面であることはいうまでもない。

第二は、市場経済を前提した上で、そこにおける政府介入の度合や政策の内容に注目する概念である。一口に市場経済といっても、純粋に市場の論理だけで動くわけではなく、それ以外のさまざまな要素を含むのが常態である。従ってまた、そこにおける政府規制の度合いについても、さまざまなヴァラエティーがあり、種々の政策の選択が問題となる。いわゆる「新自由主義（ネオ・リベラリズム）」とは、この局面に関わって、政府介入をできる限り排除していこうというイデオロギーおよびそれに立脚した政策を指す。これは第一の用語法における自由経済を前提するが、それとイコールではなく、その中でとられうるさまざまな考え方や政策のうちの一つである。

「体制としての自由経済＝市場経済」とイデオロギーないし政策体系としての「新自由主義」とが同じでない――後者は前者の中でとられうる選択肢の一つである――ということは、ある意味では自明のことである。両者が同じでないからこそ、基本的な経済体制として市場経済をとる国々にもいろいろなタイプがあり、ある時期まで新自由主義的発想はそれほど広くは採用されてこなかった。一九八〇年代以降、世界的に有力になった新自由主義論者は、これを正しい処方箋として熱心に推奨してきたが、そのようにわざわざ推奨せねばならないこと自体、それが唯一の選択肢ではなく、むしろ他の政策が——その正否は別として——ごくありふれていたことのあらわれである。いま述べたことは、ある意味で常識的な話であり、ことさらに力説するまでもないことであるように見える。しかし、最近になって市場経済への移行を進めだした国々にとっては、このことは決して自明ではなかった。指令経済から市場経済に移行するという場合、その「市場経済」とは一種類しかないのか、それとも多様な型がありうるのか——これは体制転換が問題となった一九八〇年代末－九〇年代初頭において決定的に重要な論点だった。そして、当時は世界的に新自由主義（市場原理主義）的発想が優越していたため、それが「唯一の処方箋」と見なされがちであり、両者を一直線に結びつける発想が優位したのである(51)。

もっとも、いま述べたのは主としてイデオロギーにかかわる話であり、現実の経済政策がそれによって全面的に決定されたわけではない。イデオロギーにおいては新自由主義が優位を誇り、「正しい」理論だとされる一方、現実の政策においては、それが「痛みを伴う」ものであることから、その徹底的遂行にためらいが見られ、不徹底ないし中途半端な採用にとどまるというのが、多くの国に見られた実情である。日本の場合、体制としては以前から市場経済を基軸としていたが、それと同時に、新自由主義的な観点からは「不純」と見られる要素を多くかかえ、その「構造改革」が叫ばれた。その日本でも、「改革」徹底推進論とその副作用の大きさを指摘する慎重論とが対峙しているというのが現状だが、旧社会主義諸国の場合、市場経済移行は新自由主義という形でしかありえないのか、それとも他の形での市場経済化もありうるのかが、議論の対象であり続けたわけである。

ここで、先に論じた政治的リベラリズムとの関係に戻って、簡単な補足を付け加えておきたい。新自由主義論者は、その推奨する政策を市場経済における唯一の「正しい政策」とし、しかもそのような意味での市場経済化が政治的リベラリズムとも表裏一体だと考える傾向がある。しかし、実際には、市場経済化は格差拡大や福祉切り捨てを伴いがちであり、社会的反撥を招きやすい以上、そうした社会的反撥を押し切って市場経済化を推進することは、むしろ政治的権威主義の手法と馴染みやすい（詳しくは第3節で後述）。新自由主義的な政策を選択する場合にはなおさら社会的反撥が大きくなるから、これはむしろ政治的リベラリズムよりも権威主義的統治手法と親和的な政策である。元からの資本主義国でネオ・リベラリズム的経済政策がとられるときも、軍事・治安などではむしろタカ派的政策がとられ、国家的威信が強調されることが少なくないが、旧社会主義諸国の市場経済化に際しては、この傾向が一層甚だしくなる。具体的な実情は個々の国と時期によって差異があるが、大きな流れとしていうなら、経済面での市場経済化と政治面での権威主義との結合は、決して特殊な例外ではなく、むしろありふれている。これは「市場経済化と民主化」を一体とする通念からは理解できないことだが、現実には広く見られる趨勢である。

リベラル・デモクラシー化とその困難

政治面に目を転じよう。脱社会主義のことを単純に「民主化」と呼ぶ用語法が広く一般化しており、ほとんど定着している観さえあるが、ここにはいくつかの問題がある。第一に、かつて「ソヴェト民主主義」なるものが唱えられていた事実を思い起こすなら(52)、単純に「反民主主義から民主主義へ」というのではなく、広義の民主主義の中での下位類型の選択として、「ソヴェト民主主義から自由民主主義（リベラル・デモクラシー）への移行」という方が、事態に内在した捉え方になる。

念のため補足するなら、ここで言いたいのは、「ソヴェト民主主義」がリベラル・デモクラシーと同等ないしそれ以上に立派な民主主義だったということではない。結果的にそうでなかったことは、体制転換を待つまでもなく、ソ連時代のかなり早い時期から明らかだった。問題は、当事者の主観的目標とは裏腹な現実がどのようにしてもたらされたか、そしてそこからどのような反省が引き出されたかにある。かつて「ソヴェト民主主義」は、リベラル・デモクラシーを「ブルジョア民主主義」「形式だけの民主主義」と批判し、「実質的な民主主義」を目指すことを宣言した。しかし、そのような「実質的な民主主義」を創り出そうとする試みがリベラル・デモクラシー以上に甚だしい空洞化を経験したというのが、その後の歴史的現実だった。

ペレストロイカ期ソ連の一連の政治改革の背後にあったのは、そうした経験の反省から、「実質的な民主主義」の独善的僭称に歯止めをかけるための「形式」「制度」を重視すべきだという発想である。そこでとりわけ重視されたのは、法治主義、自由選挙、複数政党制、権力分立、言論の自由などの一連の原則だった。これらの原則はリベラル・デモクラシーの基礎にあるものだが、それらを取り入れるべきだという点では、ソ連末期までに多くの知識人のあいだでほぼ異論がなくなりつつあった。それを具体的にどのような形で制度化すべきか――端的にはどのような形で新しい憲法を制定するか――について、また制度をどのように運用していくかについては、多くの問題が残されたにしても、この辺までは、ソ連解体を待たずともペレストロイカ末期までにほぼ確定していたと言える。

ここでもうひとつの問題が出てくる。ペレストロイカ期にほぼ合意されたのは、あくまでも制度レヴェルにおけるリベラル・デモクラシーの基本的諸原則の導入ということであり、その実質化は別問題だということである。いくつかの基本原則がかなり広い範囲で合意され、大枠としての憲法と政治制度が確定したからといって、それがどのような実質をもたらすかが簡単には定まらないのは当然のことである。これまで指摘してきたように政治改革と同時に推進された市場経済化が政治的リベラリズムを置き去りにする場合には、リベラル・デモクラシーの制度が一応導入されても空洞化しやすく、むしろそれが権威主義的な方向で運用されやすいということになる（この点について詳しくは第3節で論じる）。

2 市場経済化の期待と現実――「現存した社会主義」から「現存する資本主義」へ

一九八九年から九〇年代初頭にかけての「脱社会主義革命」は、いわば社会主義革命を反転させたような、「もう一つの革命」だった。そこには、革命につきものの熱狂と希望があったが、そのユーフォリア(多幸症)は比較的短期間で醒めた。かつてのロシア革命は数十年後に「裏切られた革命」とみなされるようになったが、今回の脱社会主義革命は、十年も経たないうちに「裏切られた革命」と化したに見える。現実の経済実績は、一九九〇年代の急落、九〇年代末以降の好景気、そして二〇〇八年からの危機といった推移を経験しているが、そうした短期的な経済動向の問題に入る前に、まずもって、より広い文脈で、市場経済化の期待と現実を点検することから始めよう。

経済体制論再考

今では遠い過去の話となっているが、かつて一九三〇年代以降しばらくのあいだ、世界的潮流が「市場から計画へ」と動きつつあるかに見えた時期があった。その時期には、社会主義の威信が世界的に上昇し、多くの資本主義諸国でも、経済への国家介入政策が大なり小なり強められた。それからおよそ半世紀後の一九八〇年代以降、潮流は大きく反転し、むしろ「計画から市場へ」が時代の標語となった。ソ連・東欧の社会主義圏が崩壊しただけでなく、その他の諸国でも「民営化」「規制緩和」「新自由主義」が標語とされるようになった。経済グローバル化という趨勢のなかで、国境を超えた経済活動の障壁となる制度的・社会的差異は次第に平準化される傾向を示すようになり、各国政府による政策選択の余地が狭められた。ネオ・リベラリズム的経済政策は国内的には種々の摩擦を生み、批判を招いたりもしているが、だからといって、それを全面的に否定することもできないというディレンマが続いている。こうした流れは、ジグザグを含みながら、ごく最近まで強力なものであり続けてきた。もっとも、二〇〇八年後半の世界不況以降、またしてもある種の変化の兆しが出てきたように見えるが、その行方はまだ見定めがたい。

こうした巨視的な流れについて考える際に、一般にとられがちな発想法は《市場か政府か》という二者択一の議論である。だが、これは議論の枠として狭きに失するのではないかという指摘もしばしばなされている。市場と政府（あるいは指令）だけの二項対置によるなら、最近における社会主義の退潮という時代状況の中では、「いろいろ問題があるにしても、とにかく頼れるのは市場しかない」という結論しか出てきそうにない。しかし、人間社会における経済活動の調整の型――あるいは、より広くいえば社会秩序形成の基本原理――を考える際には、二つではなく三つの原理の組み合わせを想定すべきではないかとの議論も有力である。三つの原理という場合の用語法およびその理解についても種々の考え方があるが、比較的よくとられるのは、《交換・再分配・互酬》という三元論である。

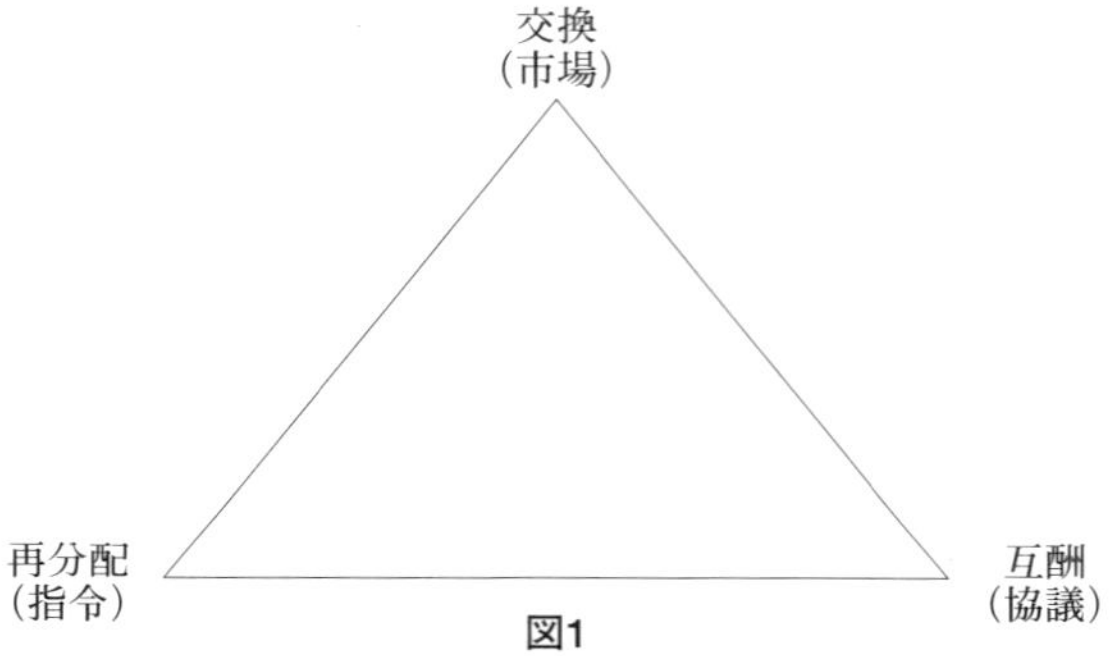

図1

これらのうち、交換および再分配の主要な場がそれぞれ市場および国家だということは説明を要しない。これに対し、「互酬」とはややつかみにくい概念であり、それを現実に担う場にしても、伝統的な共同体と捉えたり、あるいは一見合理主義的に組織された近代社会の中で秘かに機能している人間関係と捉えたり、その他いくつかの考え方がある（岩田昌征は互酬を具体化した経済メカニズムを「協議」と呼び、これが一九七〇年代ユーゴスラヴィアで追求された経済システムだとする）。こうした三元論的発想は、なお磨き抜かれていない面を残すにしても、《市場か政府か》という二元論の限界を克服する上で有意味なものをもっている（コラム⑧参照(53)）。

もっとも、このように三つの次元を並べると、何となく、どれもが同じような重みや有意味性——裏返せば危険性でもある——をもち、単純に折衷するのが解決であるかの印象が生じるかもしれない。しかし、現実には、市場・指令・互酬の三者は同じ重みを持つわけではない。この点は、経済体制論における三元論を先駆的に定式化した岩田昌征が、ユーゴスラヴィアを含む社会主義体制の崩壊を見

コラム⑧　さまざまな三元論の系譜

本文で述べたのは主として経済活動の調整原理にかかわる三元論だが，これと類似する発想は，他のさまざまな分野でもとられている。たとえば，政治理論の分野ではリベラリズム・リバタリアニズム・コミュニタリアニズムの論争が活発に展開されているが，アメリカ的な用語法でのリベラリズムはヨーロッパ的用語法での社会民主主義（再分配重視）にあたり，リバタリアニズムは徹底した市場重視，そしてコミュニタリアニズムは何らかの意味での互酬を重視するという風に考えるなら，この三元論に対応させた形で整理することができる(54)。

また，福祉国家の国際比較においては，アングロサクソン型・ヨーロッパ大陸型・北欧型といった類型化がなされているが(55)，このうちアングロサクソン型は市場重視，北欧型は社会民主主義的な再分配重視，そしてヨーロッパ大陸型はやや位置づけが難しいが，何らかの中間団体による互酬的な関係を取り込むものと考えるなら，先の三元論と接合することができる。社会福祉論で，自助・公助・共助の三要素が挙げられるのもこれと似たところがある。

経済人類学・経済体制論・政治理論・福祉国家論はそれぞれに異なった学問領域であり，それらの議論が完全に重なるわけでないのはもちろんである。にもかかわらず，いずれにおいても，《市場か政府か》といった単純な二項対置をとらず，何らかの意味での「第三の原理」を取り込もうとする発想には一定の共通性が感じられる。

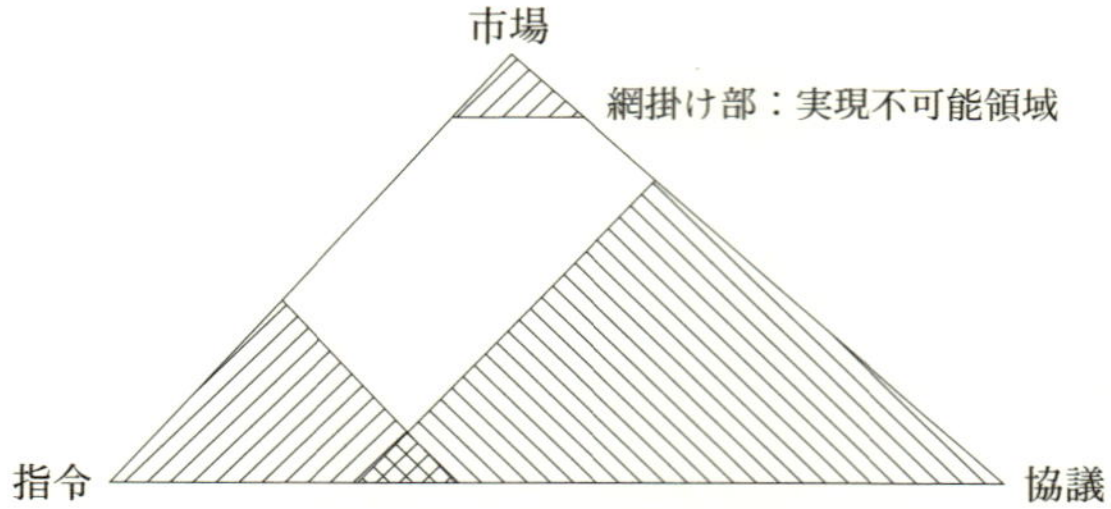

岩田昌征『現代社会主義・形成と崩壊の論理』日本評論社、1993年、239頁の図3・3・1を簡略化して作成。

図2

届けた後の反省の中で提起しているところである(56)。どの原理も過度の純粋化を目指すと行き詰まるという点では共通するにしても、どこまで純粋化ないし徹底を進めることができるかは、三つの原理のあいだに度合いの差がある。三者のうち最も純粋化が困難なのが「協議」であり、これを徹底しようとした例はユーゴスラヴィアしかなく、比較的短い期間（半世紀足らず）で崩壊した。「指令」は「協議」よりは徹底可能性が高いが、「市場」よりはその可能性が低い。ソ連・東欧に現実に存在した社会主義は純粋形の指令経済そのものではなく、大なり小なり市場および互酬の要素を隠し持っていたが、それにしても相対的に「指令」に依拠しようとする傾向が強く、約七〇年の実験の後に退場した。これらに比べ、「市場」は相対的に純粋化傾向を進めやすく、そのことが、社会主義圏崩壊直後の市場原理主義の全面制覇ともいうべき状況を生み出した。このことは、三つの原理が単純に対等であるわけではなく、ある種の差をもっていることを意味する。このように考えるなら、一九八〇年代末－九〇年代初頭に多くの人が「市場の勝利」「計画の敗北」を語ったのは、あながち理由がないわけではなかったということになる。

しかし、いま見た市場の優位性は、あくまでも相対的なものであり、絶対的なものとまではいえない。「市場」原理を過度に徹底しようとする試みもまた、冷戦後約二〇年の実験の中で行き詰まりを経験しつつあるというのが、ごく最近の状況である。今日、「市場原理主義」批判が高まり、部分的にもせよ「国家」あるいは「公的なもの」の役割の再評価とか、「共同体」「共助」などの必要性が指摘されているのは、以上のような状況の反映と見ることができる。もちろん、そのことは、かつてソ連で典型的に見られた「指令」主導の社会とか、あるいはユーゴスラヴィアで試みられたような「協議」主導の社会をつくろうという動きの再評価を正当化するわけではない。結局は、それらの原理の混合――前注54の井上の言葉では、三者の「併存」および「抑制と均衡」――を探るほかないということになるだろう。

初期のショック療法

抽象論はこのくらいにして、一九八〇年代末‐九〇年代初頭以降、旧社会主義諸国で進められた経済改革の実情について、ごく大まかにその軌跡を跡づけてみたい。

体制移行初期に多くの国で採用され、激しい政策論争の対象となったのは、いわゆる「ショック療法」である。「ショック療法」とは、マネタリスト的発想にたつＩＭＦ（国際通貨基金）の処方箋で、一九八九年から九〇年代初頭にかけて旧社会主義国で相次いで採用された。なお、旧社会主義諸国に限らず、債務危機に陥ったアジア諸国やラテンアメリカ諸国などでも、ほぼ同様の政策がＩＭＦから推奨され、類似の状況が生じたので、この問題は旧社会主義国に限らない広がりをもつ（なお、二〇〇八年秋以降の世界不況の中で、いくつかの国へのＩＭＦへの金融支援が改めて問題となっているが、一九九〇年代とは環境条件が異なっている上、かつてのコンディショナリティが過度に厳しくて大きな混乱や反撥を招いたことの反省もあって、若干の方針変更があるようである）。

ショック療法の内容は、一言でいえば、援助対象国に一連の政策課題を課し、その実行を条件として、新規融資あるいは債務繰り延べを供与するというものである。金融支援が与えられる条件となる政策課題のことを「コンディショナリティー」というが、その内容としては、一挙の価格自由化、緊縮財政、政府の経済介入の極小化、通貨安定などがある。こうした政策は、不況、大量失業、生活水準低下などを伴うが、そのような一時的ショックを耐え忍べば、その後は、市場の自動回復メカニズムに基づく発展が訪れると期待するのである。このような政策は、少なくとも短期的には国民生活に大きな犠牲を強いるものであるため、各国で激しい論争の対象となった。一方では、「抵抗を押し切って強行するのが正しいのだ」という考えがあり、他方では、「あまりにも犠牲が大きすぎるから採るべきでない」という考えがあって、両者の間の対抗が続いた。ある意味では、現代日本で小泉改革の評価をめぐって種々の論争があるのと似たところがある。

経済学的観点からの評価はさておき、政治的に見て最大の問題は、社会が「ショック」に耐えるかどうかという点にある。もし耐えられるなら、この療法はそれなりに成果を収めると期待することもできるが、必ず耐えられるとは限らない。「ショック」があまりにも大きすぎた場合、社会不安・政治危機が極度に深まり、民族紛争とも関係して内戦的状況に至るということさえもある（ユーゴスラヴィアの場合）。そこまでいかないまでも、社会からの抵抗にあって途中で後退するなら、いわば「療法なしのショック」というような結果に陥ることになる。

ショック療法の履行がどのような形をとるかは、それぞれの国のおかれた具体的条件によって異なる。ショック療法を比較的忠実に実行し、ともかくも一定の成果をあげたのは中欧諸国、とりわけチェコとポーランドである（もっとも、手放しの成功というわけではなく、その後に種々の問題を残しているが、他の旧社会主義諸国との比較でいえば、相対的には回復が早かった）。なお、ハンガリーでは、明示的な体制転換に先立って旧政権末期に経済改革がかなり進展していたおかげで、あえてショック療法をとらずとも市場経済化を相対的に順調に進めることができた。これに対し、他の多くの国は、いったんショック療法をとった後、途中でためらいをみせるようになった。もっとも、その後も外向け公約としての緊縮財政を全面放棄することはできず、中間的なところでの動揺が続くことになった。

私有化

経済改革の大きな柱とされたのは私有化（民営化）である。市場経済化が所有改革を必須とするという考えは、一九八〇年代に急速に広まり（第Ⅱ章の5および第Ⅲ章の2・4参照）、国有企業の私有化＝民営化（privatization）が市場経済化の一つの大きな柱とされるようになった。なお、privatization（ロシア語ではプリヴァティザーツィヤ）の日本語での訳語は二通りあるが、「私有化」は所有形態変更、「民営化」は経営形態変更に力点をおいた表現である。資本主義国の場合は「民営化」と訳されることが多いが、旧社会主義国については、国有企業からの所有形態変更が第一義的な位置を占めるため、「私有化」と訳されることが多い。資本主義国における「民営化」と旧社会主義国における「私有化」とは、出発点や環境が大きく異なり、単純に同一視することはできないが、緩やかな意味では一定の類似性があり、この比較も興味深い論点である。最も大きな違いは、資本主義国の国有企業は市場経済的環境のなかでの部分的存在であるのに対し、社会主義国の国有企業は、私的セクターがほとんど存在しないなかで指令経済の中枢をなしてきたという点にある。旧社会主義国には、市場経済のインフラストラクチャーをなす資本市場、金融機関、証券取引所などがなかったし、民間資本も形成されていなかった。そのため、資本主義国における「民営化」よりもはるかに大きな困難をかかえるのは当然である。

国有企業の私有化の方法には、いくつかのヴァリエーションがある。それまでの国有企業を誰のものにするかという点に関しては、①旧所有者に返還する（これは国有化以後の期間が長い場合には現実性をもたないが）、②従業員ないしその集団に優先権を与える、③国民一般に一定の株式取得権を与える（ヴァウチャーないしクーポンの配布）、④金をもっている人に自由に売却する、などの方式がある。これらは相互に排他的とは限らず、組み合わせることができるが、具体的にどれをどのように組み合わせるかが選択の問題となる（ロシアにおける具体的選択についてはすぐ後で述べる）。

さまざまな私有化の方法のうちのどれを選択し、どのように組み合わせるかという問題を考える際に、そもそもどのような基準によって方法の優劣を判断すべきかが前提問題となる。社会的公正の観点、政治的安定性の観点、経営者精神育成という観点、テンポの速さなど、さまざまな基準がある。こうした複数の基準が両立可能であれば話は簡単だが、そうとは限らない。たとえば、テンポの速さと社会的公正とはしばしば矛盾する。多くの国で、初期にはテンポの速さが最重要視された（これはＩＭＦをはじめとする国際機関のアドヴァイザーたちの鼓吹によるところが大きい）。だが、後から振り返ると、そのために拙速で不公正な分配になったという受け止め方が広がるようになった。また、公正を重視する観点からは、できるだけ多くの国民に平等に分配すべきだという考えがある一方、経営者精神育成の観点からは、あまり広く浅くばらまくべきでないとする考えもある。旧体制の支配エリートが私有化後も大きな役割を果たすのは社会的公正に反するという考えがある一方、政治的安定性にとってはそれがむしろプラスだという考えもある。こうして、基準の設定自体が難しい問題をはらんでいる。

いずれにせよ、資本主義化とは誰もが資本家になれることを意味するわけではない以上、誰が資本家になるのかをめぐる闘争が進行するのは不可避である。旧社会主義諸国で経済政策をめぐって展開している政治闘争は、「市場経済移行に賛成か反対か」という性格のものであるよりも、むしろ、「どのような形で市場経済移行をすることにより、誰が資本家になることができ、どのような利権を獲得するか」という闘争——言い換えれば、理念をめぐる対立であるよりはむしろ利権をめぐる対立——の反映という性格を帯びている。

しかも、私有化のルール自体がそれまで存在しておらず、ルールが現在進行形で形成途上という状況下で私有化が進むので、権力に近い人がその地位を利用して自己の利権をはかるといった事態が広範囲に生じる。そのような行為は暴露されるとスキャンダル化するが、スキャンダルの一歩手前ともいうべき状況はむしろ普遍的とさえいえる。これは旧支配層（ノメンクラトゥーラ）がずるがしこく立ち回って私腹を肥やすというだけではなく、「民主派」とされていた政治家たちも、そうした過程に積極的に参加することが少なくない。一九八〇年代末に「改革派」「民主派」の旗手とされていた人たちが体制転換後に「利権政治家」に変身したり、汚職事件などに巻き込まれたりして幻滅を買うなど、政財界を巻き込んだ腐敗の構造が跋扈する状況は多くの国でみられる。これは個々人の道徳的資質とか、特定の勢力の思惑というだけの問題ではなく、むしろ「ルール」が確立途上にあるなかでの私有化」という状況の構造的産物と捉えることができる。

ロシアにおける私有化の現実

いま述べたように、私有化には種々の方式があり、それぞれに独自な「新興資本家」を生み出す。ロシアの場合、まず小規模企業の私有化（単純な買い取り）が行なわれ、次いで大企業については、いったん株式会社に改組してから、その株を売却することとなり、株式購入のためのヴァウチャーが国民に配布された。国有企業の株式会社化の実施に際しては、従業員集団にどのような特典を与えるかで三通りの方式が案出され、そのどれをとるかは従業員集団の決定によるとされた。最も多くの企業が選択した方式では、株式の五一％を従業員が割安に取得でき、残る四九％を競売するかあるいは国家が保有することになったが、実際には、従業員たちが取得した株式の大部分を経営者が日常的な影響力を利用して安値で入手するという結果になり、要するに旧国有企業の経営者がこれまでと同じ企業で、事実上そのまま居残るということになった。この現象を指して、旧体制エリート（いわゆるノメンクラトゥーラ）が「資本家」になったということで「ノメンクラトゥーラ私有化」——あるいは特定企業の内部情報を利用した株式取得という意味で「インサイダー私有化」——と呼ぶことが多い。これは私有化初期に大きな役割を演じた。

旧国有企業の経営者が株式の大きな部分を取得するという「インサイダー私有化」は「インサイダ

ー・コントロール」を伴いがちであり、経営者の活動への適正な監視がなされず、「コーポレート・ガバナンス（企業統治）」が欠如することになりやすいということがしばしば問題とされた。そのような経営者は、安易なレント・シーキングに走りやすい。レント・シーキングとは、企業が政府への働きかけないし政府との癒着を通して、補助金分配にあずかったり、特恵的活動条件（営業免許、貿易割り当て、公的資金の優先割り当て、規制措置の特恵的適用その他）を獲得することで利益をあげることを指す。このようなレント・シーキングが広がると、企業活動の主たる目標は本来の生産活動や生産性向上よりもむしろ補助金や特恵条件獲得におかれやすくなり、国民経済の健全な発展にとってマイナスだということが問題点として指摘された。また、インサイダー私有化は従業員所有とも結合しているため、労使対立の構図がなかなか明確にならず、経営者と労働者の利害の相対的な一致のもとで、利潤は生産的投資よりも分配に向けられがちとなる。こうして、旧体制下に特徴的だった「制度化された温情主義」が継続するということが指摘された。

一九九〇年代半ば以降、初期のインサイダー型私有化は次第に減少し、銀行を中心とする金融・産業グループが大きな役割を果たすようになった。しかし、これはしばしば金融資本と政界の癒着現象をもたらし、特定財閥に有利な形で不正な私有化がなされたのではないかということが問題にされるようになった。特にロシアは各種の自然資源——石油、天然ガス、金属資源など——に恵まれているため、資源輸出関連の企業は巨大な利潤を生み、そうした大企業への支配権獲得は激しい利権争いと

コラム⑨ 「オリガルヒ」と「担保入札」方式

現代ロシアで1990年代半ば以降に流行語となった「オリガルヒ（単数形はオリガルフ）」とは，ラテン語起源の言葉で，西欧諸語にもこれと対応する単語がある。この言葉には長い歴史があるが，英語でoligarchyといえば政治制度としての寡頭制を指し，oligarchは寡頭制支配者を指す。これに対し，現代ロシアでいうオリガルヒは，政治家よりもむしろ巨大資本家，俗っぽく言えば「一握りの成り金の大金持ち」といったイメージで使われることが多い。もっとも，そうした大金持ちが政治権力と癒着しがちだとみられる限りでは，政治とも無縁でない。

オリガルヒの致富の一つの契機として1990年代半ばに注目を集めた「担保入札」方式とは，政府が巨大企業の国家保有株を担保に銀行から融資を受け，その融資が返済されない結果，銀行は担保としてとった株式を手に入れ，巨大企業への支配権を獲得するというものである。その際，入札について談合その他の不正が横行したといわれる。この方式での私有化により，多くの巨大企業が少数の金融・産業グループの手に落ちた。

不正を伴った。こうして形成された金融寡頭資本《オリガルヒ》（コラム⑨参照）は、私有化における不正暴露をおそれ、政治の動向に敏感になる。一九九六年の大統領選挙では、オリガルヒは一致してエリツィンへの強力な資金援助を行なったが、そのことは大統領府とオリガルヒの癒着を生んだとの観測が広まり、この後、政治とオリガルヒの関係が問題になり続けた。特にロシアで一九九五年から九六年にかけて進んだ「担保入札」方式の不明朗さが指摘された。

このように私有化が政治がらみで不明朗な形で進められ、ごく少数の大富豪が生まれたという不公正感が、二〇世紀末から二一世紀初頭にかけてロシアでは募った。そうした状況を背景に、プーチン政権は一部のオリガルヒに対し、私有化の際におかされた不正や脱税、贈賄などの刑事責任追及を行なった（ベレゾフスキーおよびグシンスキーという二大オリガルヒは、プーチン政権初期に逮捕状を出されて事実上国外亡命し、二〇〇三年には、ロシア一といわれる大富豪ホドルコフスキーが逮捕された）。このことについては、特定の財閥に対する偏った政治的介入ではないかとか、経済界に対する国家の統制強化になるのではないかとの疑惑がかけられている。他面、大富豪が何らかの不正を犯していた可能性は実際に高く、それを取り締まらない方がよいという風に単純に言うこともできない。いずれにせよ、政治と経済の関係はなかなか安定的なものになっていない。

マフィア資本主義――「東」から「南」へ

私有化は、当たり前のことだが誰もを等しく富裕にするわけではなく、むしろ経済利害をめぐる激しい対立抗争を不可避とする。巨大な国有企業の私有化（民営化）過程は、膨大な利権争奪戦を伴う。しかも、私有化のルールが未確立な中で短期間に強行されたため、ルール制定をめぐる闘争と利権分配をめぐる闘争が一体化するという状況が生じた。そこから、経済利権と政治権力の癒着、経済の犯罪化、さらには露骨な暴力による争奪戦――殺し屋を雇ってライヴァル経営者を襲わせるなど――等々が展開するようになった。そうした状況を指して、「マフィア資本主義」とさえ言われることがある。

市場経済化が経済的・社会的格差拡大を伴うのはある意味で当然だが、事態を深刻にするのは、そうしたなかで社会福祉の後退が進んだことである。社会主義時代に福祉が外形的に充実されすぎたことが、それを縮小させねばならないという意識のもととなった(57)。一つの特異な事情として、かつて社会主義時代のイデオローグは、資本主義とは仁義なき戦いであり、弱肉強食だと批判していたが、そうしたイデオロギー宣伝の後遺症として、「今や資本主義化したのだから、モラルとか公正とかを無視して『強いもの勝ち』になるのは当たり前だ」というような意識が、かなり多くのロシア人のあいだに広がっているように思われる。これは社会主義時代のイデオロギー宣伝の負の遺産と言えるだろう。

このような状況は、政治面におけるリベラリズムの不足、市民的権利の軽視、汚職等々の現象（これらについては次節参照）ともあいまって、体制移行の暗い側面を多くの人々に痛感させている。問題は、それをどう理解するかにある。

ジャーナリスティックな解説においては、こうした現象は「改革が逆行している」からだとされることが多い。しかし、このような判断は、暗黙のうちに、資本主義というものを過度に理想的に描き出すことを前提してしまっている。純粋形の自由が実現し、しかもそれが「自生的秩序」を生み出すという「市民社会」のイメージである。だが、現実世界の資本主義というものは、もっとずっとどろどろした、不純なものを含むのが常である。現代ロシアの特徴として挙げられる種々の負の現象も、具体的形態や度合いはともあれ、さまざまな資本主義国――とりわけ発展途上諸国――でしばしばみられるところである。とすれば、そうした側面があるからといって、「資本主義化が進んでいない」ということになるわけではない。それどころか、多数の私企業の――合法・非合法とりまぜての――貪欲な経済活動、それに伴う経済犯罪、ＣＭ合戦、投機等々は、社会主義経済下では決して見ることのできなかったものであり、これらはまさに資本主義化の進行を物語る。

ここにみられるのは、経済自由主義者が想定するような「純粋な」市場経済ではないが、かといって、かつての指令経済への復帰でもない、一種独自の混合的政治経済構造である。「市場経済」とか「資本主義」というものを純粋形のものとして考えるなら、現在のロシアその他の旧社会主義諸国は「本物の市場経済ではない」という言い方もできる。だが、「市場経済」「資本主義」というものを純粋形で考えることの方がむしろ非現実的であり、現実の資本主義は必ず「不純な」要素を含む。特に発展途上国においては、政治権力との癒着や、経済の犯罪化などはありふれた現象である。このように考えるなら、旧社会主義諸国は、「体制移行を進めていない」のではなく、「途上国型市場経済への移行」の道を歩みつつあると言うべきだろう。

かつて冷戦期の東西対立が解消に向かおうとする時点で、「東」の諸国は「西」への合流を期待した。しかし、実際に生じたのは、元の「東」のうちの相対的に恵まれた一部が「西」に合流する——中東欧諸国のEU加盟はその象徴——一方、他の多くの部分は「南」と化しつつある、というのが巨視的な流れであり、「マフィア資本主義」はそのあらわれであるように思われる(58)。その結果、今日では、新しい「南」と「北」との対立が生じている。その際、新しい「南」のなかにかつての「東」が含まれるために、あたかもそれが「東西」図式の継続であるかにみえることもあり、それが「新しい冷戦」とささやかれる状況を生み出していることについては第4節で後述する。

負の側面を伴わない「理想的な」資本主義を基準にして、それが実現していないから「改革が後退した」というのは、かつて「本来あるべき理念としての社会主義」を基準として、「現存する社会主義」がそれを実現していないから「革命は裏切られた」と主張した議論とどこかしら似たところがある。むしろ現実は、「本来あるべき、理想の資本主義像」からは遠くとも、とにかく「現存する資本主義」になったというべきではないか。それは、理想論からは程遠いにしても、とにかく体制転換の一つの帰結である。

ロシアにおける経済実体の推移と政治への影響

この節の最後に、ソ連解体後のロシア経済の実体の推移、およびそれが政治にどのような影響を及ぼしてきたかについて、簡単に検討しておきたい。

ソ連解体後、経済実体は急激な低落を経験した。GDPは一九九〇年を一〇〇として九五年には六〇にまで下がり、その後もしばらく低下し続けた。他方で、消費者物価は一九九二年に二五〇九%（前年比）、九三年に八四〇%（同）という急激なインフレーションが見られた(59)。戦時でもないのにこのような経済急落が起きるというのは、他に類例が滅多にない。その原因としては、それまで曲がりなりにも機能していた指令型システムが崩壊する一方、市場経済の自己調整機能が働きはじめるにはそれなりの時間を要するという根本要因に加え、ソ連が解体して一五の独立国家に分かれることにより、国民経済の一体性が失われ、諸経済単位の相互関係がいったん分断されたという事情によるところが大きい。

このような状況の中で、少数の成り金――いわゆる「新ロシア人」――が生まれる一方、大多数の国民の生活水準は大きく低下した。しかし、そのことは大衆反乱を呼び起こしはしなかった。皮肉なことだが、ペレストロイカ末期にはわずかなマイナス成長が始まっただけでも政府批判の波が高まったのに対し、ソ連解体後のはるかに大きなマイナスは大衆の政治意識を麻痺させ、一部で危惧された強力な反政府運動は生じなかったのである。これは、経済の落ち込みの大きさと反政府運動の激しさは必ずしも比例しないということを物語る。その代わり、政治への不信、ニヒリズムないしシニシズム、あるいは露悪趣味的な態度が蔓延した。犯罪・自殺などの急増はその一つのあらわれである。

大衆的反政府運動が高まらなかったからといって、政権が国民から確固たる支持を受けていたわけではない。政権の一応の安定は、単なる無関心や無気力によって支えられたに過ぎない。そのことは、下院選挙のたびに共産党や自由民主党（右翼ナショナリスト政党）などが相対的優位を保ったことにも示されている。その一方で、新自由主義的経済政策を主張する政党――一九九三年の「ロシアの選択」、一九九五年の「ロシアの民主的選択」など――は低い得票率しか獲得することができなかった。そのことは政権の政策を制約し、初期の新自由主義的政策から中道路線への転換を強いた。

経済実体は一九九七年頃にいったん下げ止まったが、九八年に金融危機に見舞われ、再度の混乱を経験した。この金融危機は政治的不安定化を伴い、九八年から九九年にかけて、短期間に首相が四度も交代する――チェルノムィルジン、キリエンコ、プリマコフ、ステパーシンが相次いで更迭され、九九年八月にプーチンへ――という状況になった。こういうわけで、九〇年代のロシアは、末期近くに至るまで、殺伐とした時代という様相を呈した。チェチェン紛争の泥沼化もそれに輪をかけた。かつて絶大な人気を誇ったエリツィンへの支持が大きく落ち込んだのは、このような状況を背景としていた。

この状況が転換したのは一九九九年のことである。一つには、直前の金融危機を契機とするルーブリ切り下げが貿易に有利に作用したおかげだが、より大きな要因としては、国際石油価格上昇が産油国ロシアに巨大な利益をもたらしたことが挙げられる。これによって、それまでの経済低落が克服されたばかりか、以後、ほぼ一〇年近い好況を経験し、いわゆる「新興国」＝ＢＲＩＣｓ（ブラジル、ロシア、インド、中国）の一角をなすとさえみなされるに至った。経済成長はアンバランスな形で進行し、格差の拡大を伴っていたが、高度成長の継続は次第に社会各層に波及効果を及ぼし、少なくとも大都市部では、消費生活の顕著な改善が見られた。こうした状況は九〇年代の沈滞との明確な対照をなし、プーチンの大衆的人気の背景となった。

しかし、この好況は国際石油価格高騰という外的要因に負うという点で重大な脆弱性をもつものであり、決して十分な安心感を与えるものではなかった。もちろん、ロシア政権当局とても、石油で稼いだ外貨の有効活用を通した経済構造全体の改善という課題を全く意識しなかったわけではない。第二期プーチン政権時代の二〇〇五年に始まった「優先的国家プログラム」は、保健・住宅・教育・農業の四大領域の長期的改善を目指すものだった（当時第一副首相で、まもなく大統領となるメドヴェージェフが担当）。とはいえ、これは短期的即効を期待できる性質のものではない。そして、その成果を云々するまもないうちに、二〇〇八年の国際石油価格下落および同年秋以降の世界不況の影響に直撃され、一転して経済危機に陥ることになった。

今回の経済危機は世界全体を等しく捉えたものだとはいえ、ロシアの場合、それまでの高成長が石油頼みという脆弱性をかかえていただけに、その深刻さはひときわ大きい。世界不況後の落ち込みからの回復は、他の新興諸国よりも立ち遅れている模様である。プーチンの絶大な人気がここ十年間の好況に支えられていたとするなら、この経済不況が政治にどのような影響をもたらすかが注目されるところである。

3　リベラル・デモクラシーの制度的導入とその権威主義的運用

方向性としてのリベラル・デモクラシー化

脱社会主義過程の政治的側面は、通常、「民主化」と呼び慣わされている。もっとも、対象に即していうならば、むしろ「ソヴェト民主主義からリベラル・デモクラシーへの移行の試み」というほうが内在的な見方だということは、本章第1節で述べた通りである。とはいえ、「ソヴェト民主主義」は結局のところ虚妄であり、民主主義を制度的に安定させるためにはリベラル・デモクラシーを採るしかないという考え方を前提すれば、この移行を単純に「民主化」と表現する把握が広まるのも理由のないことではない。

旧ソ連圏の知識人のあいだでは、ペレストロイカ期に「ソヴェト民主主義」の欠陥の認識が普及した結果、権力分立・複数政党制・自由選挙・法治国家といった諸原理を採用すべきだという考え方が急速に広まった。その意味で、理念ないし建前のレヴェルでは、「ソヴェト民主主義からリベラル・デモクラシーへ」という考え方は異論の余地がほとんどなくなった。その後の推移——多くの国について取りざたされる「権威主義化傾向」「強権政治」化——については後で検討するが、これまでのところリベラル・デモクラシー的理念の正面切っての全否定は決して有力なものとなってはいない。だからといって、「民主化」が坦々と前進しているわけでないことはもちろんだが、それは単純な「前進か後退か」という二分法で割り切れるものではなく、より微妙な分析を必要とする。

ともかく経済面のみならず政治面においても体制移行に踏み切るという合意はペレストロイカ後期までにほぼ確立したが、そのことは、とりあえず政治制度の基本型として「ソヴェト民主主義型」ではなく「リベラル・デモクラシー型」をとるという合意を意味するに過ぎない。「過ぎない」という表現をとるからといって、この選択の意味を軽視する趣旨ではない。リベラル・デモクラシーの基礎には、大衆の政治参加という意味での民主主義の暴走をチェックするには制度的な枠組みが重要だという考えがあり、とりあえず制度を整備することの意義は大きい。大半の体制移行諸国において、早い時期に憲法制定をめぐって熱心な議論が交わされ、諸外国の憲法制度の学習などを通じて、それぞれの国ごとに一応リベラル・デモクラシー型の憲法が制定されたという事実は、ひとまず確認しておくべき点である。その上で、そうした政治制度が外形的に整備されることと、それが円滑に機能し、さらには安定的に定着するということのあいだには、当然ながら大きな距離がある。身近なところでは、戦後日本の「民主化」の経験を振り返っても、それが決して平坦な道でなかったことは明らかである。

そこで、次なる課題として、制度としてのリベラル・デモクラシーをどこまで、どのように実質化していくかということが問題とされる。その際、「あるべき実質化」の方向としては、市民の政治参加をより徹底させていくべきだとするラディカル民主主義論と、市民的自由がどこまで実際に保障されているかを重視する政治的リベラリズムという、二通りの方向がありうる。このうちのラディカル民主主義論は——この点は、当事者にはあまり自覚されていないことだが——実は、かつてのソヴェト民主主義論と似たところがある。外形的な制度としてのリベラル・デモクラシーが空洞化しやすく、十全な内実を伴わないことがあるとの指摘は、かつて「ソヴェト民主主義」論が「形式的なブルジョア民主主義では足りない。もっと実質的な民主主義を」と唱えたのと共通するところがあるからである。そうした事情もあって、「より実質的な民主主義」としての「ソヴェト民主主義」がその目標とは反対の結果に行き着いたのを見届けた旧社会主義諸国においては、この種のラディカル・デモクラシー論が広まる素地はあまりない。

これに比べ、リベラリズム重視の考え方は、少なくとも理念のレヴェルでいう限り、より受容される基盤があるように考えられる。というのも、社会主義時代に「民主主義」以上に強く否定されていたのは政治的リベラリズムであり、「現存した社会主義」の経験を踏まえた反省としては、政治的リベラリズム重視の考え方がとられるのが自然だからである。ペレストロイカ期ソ連でこの発想が広まったのは、まさしくそうした事情による。しかし、これは比較的短期間、知識人たちのあいだで優勢となった後、市場経済化第一路線のもとで背後に押しやられてしまった。政治的リベラリズムの考え方そのものはその後も否定されてはいないが、「退屈なお題目」というような受けとめ方が広まり、形式的には一応尊重されながらも、それを実質化する努力はあまり重要視されていないのが実情である。

リベラル・デモクラシー定着の困難性

こうしてリベラル・デモクラシー化は、そのものとして全面否定されることのないまま、実質的な運用の面では形骸化の傾向を色濃く帯びるようになった。このような状況を捉える際に、ジャーナリスティックな解説においては「改革の後退」、すなわち旧体制への回帰（ないし復古）といった把握がしばしばなされている。しかし、「改革の前進」か「後退（復古）」かという二項対置的図式は現状を捉える上で適切なものとはいえない。大多数の旧社会主義国では、体制の根本的転換――かつての社会主義体制からの離脱――を進めるべきだという点に関しては広汎な合意が形成され、その限りでは大きな区切りがついており、その点での根本的な逆転が生じているわけではない。しかし、それは問題の解決ではなく、むしろ出発点でしかなく、その先に種々の新しい問題が発生している。これを「改革の前進」か「後退」かという図式で捉えたのでは、何をめぐってどのような対抗が生じているのかをつかむことはできない。

関連して、「保守派」「改革派」「民主化」「強権政治」「権威主義」などの言葉がマスコミの解説類では安易に乱発されているが、純然たる旧体制への回帰という選択肢がほとんど問題になっていない以上、「保守」「改革」という言葉は意味をなさない。現代日本における「改革」「抵抗勢力」「守旧派」などもそうだが、これらの言葉は往々にして政治的思惑に基づくレッテル貼りであり、それを額面通りにとるのはナイーヴである。政治においてレッテル貼りを額面通りに受け取ることはできないというのは常識だが、にもかかわらず、ロシアその他の旧ソ連諸国についてはそうしたレッテルがあたかも「現実」そのものを表示するかのように受け取られる傾向があるのは憂うべきことである。

もう一点補足するなら、本章の第1節でも述べたように、経済政策における自由主義と政治的リベラリズムとは異なる概念だが、にもかかわらず、ロシアの諸政党に関しては、経済政策上の自由主義を唱える政党を「リベラル」と呼ぶのが一般的な用語法となっているのも奇妙なことである。代表的リベラル政党と呼ばれてきた二つの政党――今日ではともに分解を遂げつつあり、どのような形で存続するのかが見極めがたくなっているが――のうち、ヤーブロコはともかくとして、右派勢力同盟はしばしば政治権力と癒着してきた経歴を持ち、政治的リベラリズムの色彩はむしろ薄い。そのような政党を経済的自由主義という一点で「代表的リベラル政党」と見なすのは、ネオ・リベラリズムを唯一の正しい政策と考える立場に立たない限り理解できないことである。

やや話が逸れかけたが、リベラル・デモクラシーの政治制度が一応導入されながら、それがなかなか本格的に定着しない理由について考えてみよう。

一般的にいって、リベラル・デモクラシーというものは、制度面に限っていえば、一定の法制を定めることで「上から」比較的短期間に導入することができる。しかし、それが形骸化することなく、安定的に機能し、定着するためには、いくつもの条件が必要である。ごく大まかに列挙するなら、次のような条件が挙げられるだろう。まず何よりも、国民全体にしろ、政治エリートにしろ、その制度への習熟が必要だということはいうまでもない。そして、これには当然ながら、長い時間がかかる。戦後日本においても、民主主義の制度的導入と実質的定着の間のギャップが大きいということはしばしば指摘されている通りであり、ロシアの状況は決して他人事ではない。第二に、リベラル・デモクラシーの制度は多様な利害の表出を可能にするが、それが過度の混乱と暴力的事件の恒常化にならない保証として、最小限のコンセンサスとルールの存在が必要である。民主政治は価値観の対立を排除するものではないが、いくら価値観や利害が異なっても、紛争を暴力によってではなく一定のルールに則って平和的交渉と妥協によって解決するという原則が合意されていないなら、リベラル・デモクラシーは安定し得ない。第三点として、紛争が尖鋭化するのを防ぐ条件として経済的・社会的安定も挙げられる。この点では、経済水準の高低も無関係ではないが、むしろ安定度の方が重要である。不安定な経済成長は低位安定よりも政治的安定の阻害要因となりやすい。これらの条件が欠如している状況で、制度だけリベラル・デモクラシーが持ち込まれても、それはむしろ種々の混乱を招くおそれがある。こうした事情を背景に、権威主義化傾向やそれを正当化する「権威主義必然論」が現われることになる。

ペレストロイカ期に「権威主義必然論」がミグラニャンらの論客によって提起され、大論争を招いたことは、第Ⅲ章第2節で述べた。そこでも触れたように、当時の高揚した雰囲気の中では、「民主化を急ぐよりも、まず権威主義を」という議論は、少なくとも公然と受け入れることには抵抗感をいだく人が多く、ミグラニャンらの主張は少数者のものにとどまった。しかし、ソ連解体後のロシアでは、ゴルバチョフが「民主化」を急ぎすぎて政治的混乱を招き、行き詰まったことへの反省から、「弱い権力者」たるゴルバチョフよりも「強い権力者」の役割をエリツィンに願望する発想が広まった。エリツィン自身も、ロシア帝国時代の皇帝（ツァーリ）を彷彿とさせる権威主義的統治手法に傾斜し、「ボリス一世」と呼ばれたりした（ミグラニャンその人も、エリツィン政権のブレーンの一人として活躍した）。もっとも、一九九〇年の混乱した状況の中では、エリツィンはその「権威」を思うように確立することができず、「権威主義化」は中途半端なものにとどまった。プーチン期における権威主義化の一層の進行については後述するが、ともかくそれはこのような背景をもっているのであって、エリツィンからプーチンへの交代によって突然現われたというようなものではない。

私有化に伴う利権争いとの重なり合い

以上では政治固有の問題について述べたが、体制移行諸国においては、市場経済移行と政治改革が同時進行であることに由来する独自の問題がこれに付け加わる。市場経済移行は貧富の格差拡大、失業発生、福祉の切りつめ等々を不可避に伴うが、そうしたなかで、競争的な選挙――どこまで自由で公正かには疑問があるにしても、とにかくかつてのようにほぼ完全に統制された無競争選挙ではない――が導入されることには、大きなディレンマがつきまとう。国民に「痛み」を強いる経済政策を推進する政権が選挙で勝利するためには、マスメディアへの統制、金権選挙、行政府機構の選挙運動への動員、野党勢力への行政的圧力等々の手段に訴えることになりやすい。そしてそのことは、リベラル・デモクラシーの空洞化につながる。

さらにまた、私有化は巨大な利権の再分配を伴うため、権力と一部企業家の癒着が生まれやすい。しかも、そのルールが確立途上であるため、利権そのものをめぐる対立とルール制定をめぐる対立とが重なり合い、これが政治闘争の重要要素となる。ルールが確立途上だということは、「何がルール違反か」を確定しにくいということを意味する。安定的法制をもつ国における「犯罪」というものは確定が相対的に容易だが、ルール自体が確立途上の状況では、何が合法で何が非合法かを確定するのも容易ではない。そうした状況では、人を出し抜いて利権を得て、後でそれを正当化する行為が一般化する。各国で「経済犯罪」や「マフィア」の跋扈、あるいは「新興財閥」と政治家の癒着・攻防などが盛んに取りざたされているのは、こうした背景による。

こうした事情から、政治家と癒着した企業家が巨大な利権を得る一方、そうやって利益を稼いだ企業家がその財力で政治に影響を及ぼすといった現象が一般化する。こうした癒着や利権争いはオープンにすることがはばかられるものであるため、水面下で進められ、政治・経済の透明化を妨げる。こうした傾向はリベラル・デモクラシーの定着にとってはマイナスに作用し、むしろ官僚的権威主義ともいうべき政治体制への傾斜が強まる。財界人の多くは隠れた不正行為（脱税、贈賄、場合によっては暴力団を雇ってライヴァルを襲わせるなど）を行なっているが、そのことは政治家からすれば、特定の財界人の不正を暴いて刑事制裁の対象にするとか、あるいはそういう脅しを使って反抗的財界人を服従させるという手法をとれるということを意味する。他面、ある時期まで政治権力の座にあった者がその座を去ると、在任中の不正が暴露される可能性が高く、そのため、政治家はあっさりと引退することができず、強引な手法で居座りを画策することが多い。選挙で不正が横行するのも、その一つの現われである。

市場経済化と権威主義化の結合

こういうわけで、当初の期待とは裏腹に、多くの国で、政治の権威主義化傾向が指摘されている。もちろん、具体的な状況は国と時期によってさまざまな差異があり、中東欧諸国（バルト諸国を含む）などはいくつかの好条件に恵まれ、リベラル・デモクラシーが相対的に定着化する傾向が見られる（それでも何の矛盾もないわけではなく、これはあくまでも相対的な議論である）。これに対し、旧ソ連諸国の多くでは、「権威主義への傾斜」ともいうべき状況がしばしば見られる。

そうした状況の象徴として、いくつかの体制移行諸国について「開発独裁」の語が使われることがある。この言葉は元来、アジアやラテンアメリカなどのいくつかの国で使われたもので、それをどう理解するかについても種々の議論のある論争的用語だが、近年、「市場経済プラス権威主義的政治」というほどの意味で旧社会主義国について使われる例が増えてきた。特に旧ソ連の中央アジア諸国についていわれることが多い。中国、ヴェトナムについても、「共産党指導による開発独裁」という特徴付けがされることがある。ロシアその他の諸国でも、しばしば権威主義的な統治スタイルへの傾斜が指摘されている。

その際、ジャーナリスティックな評論では、特定の政治家や政治勢力が「強権政治」を行なっているとされ、彼らに代わって新しい政治勢力が政権につけば「民主化」が進展するかに描かれることも少なくない。だが、むしろ個人ないし特定勢力にかかわりない客観的ファクターが背後にあるということを認識する必要がある。「強権政治」と「民主化」というような言葉づかいをすると、何となく善玉と悪玉の対立のように見えるが、ある時期に「民主化」「改革」を旗印に政権についた政治家が、時間の経過とともに権威主義的統治方法に傾斜するというのは、ごく一般的に見られる傾向である（また、これはかつての共産党の系譜を引く人かそうでないかという系譜の問題ともあまり関係ない。一部の評論では、旧共産党系の政治家は権威主義化と結びつき、体制転換時の「民主派」の系譜を引く政治家はその後も民主化を推進するという風に描かれることもあるが、これはほとんど根拠のない思いこみに過ぎない）。

このような権威主義的統治への傾斜は、体制転換初期から内在していたものであり、最近になって突然生じたものではないが、欧米諸国のマスメディアは、はじめのうちそのことをあまり指摘しようとせず、市場経済化とともに「民主化」が進展しているという楽観論に傾斜していた。ところが、二一世紀に入ったあたりから、ロシアをはじめ多くの旧ソ連諸国について「権威主義化」傾向を指摘する論評がにわかに増大した。そこには、欧米にありがちなロシアへの偏見や誇張も含まれており、全部が当たっているわけではない。その点は多少割り引く必要があるが、それにしても、どちらかといえば「権威主義的」というべき統治手法への傾斜があるのは否みがたい事実である。具体的実情は国および時期によって差異があるが、野党や市民団体に対する迫害、テレビに対する統制、度合いはともあれ不正選挙の疑惑等々である。

こうして権威主義的統治への傾斜は確かにあるが、それを「改革路線からの後退」とか「旧体制への復古」などと特徴づけることには疑問の余地がある。もともと資本主義はリベラル・デモクラシーと両立するとは限らないものだし、「粗野な資本主義」「前期的資本主義」はなおさらである。いわゆる「開発独裁」や「官僚的権威主義体制」論が示すように、むしろ後発国の条件下では、資本主義的な経済成長政策が権威主義的政治と結びつくのは珍しいことではない。とすれば、旧社会主義諸国における急激な市場経済化が政治の権威主義化を伴うのは、「改革の後退」というよりも、特異な型で経済体制転換が進められたこととの当然の帰結ともいうべきものである。

プーチン（およびメドヴェージェフ）体制の性格付け

近年のロシアについて、「プーチンの強権性」がよく指摘される（メドヴェージェフが大統領になってからの、いわゆる「タンデム」体制については、プーチン時代の実質的継続という見方と、徐々に新味を発揮する可能性が現われているという見方とがあり、まだ評価が定まらない(60)）。「独裁」といった極端なレッテル貼りさえもあり、ジャーナリスティックな次元ではかなりの影響力をもっている。プーチンの統治に権威主義的手法への傾斜があること自体は確かであり、そのことを全面否定するつもりはない。だが、ジャーナリスティックな評論で広められているイメージには多少の誇張があり、また前後の文脈に関する理解が欠けているために、バランスを失した面があるということも指摘しないわけにはいかない(61)。

プーチンの権威主義性を強調する論者のなかには、彼とエリツィンを対照的な存在と描き出し、エリツィン期に進んだ民主化からの後退を説く傾向がある。しかし、これは明らかに事実に反する。エリツィンの政策は時期によって大きく揺れており一貫性が乏しいため、全体的な特徴づけが難しいが、彼の政治手法にはポピュリスト的な性格が濃厚であり、政治的リベラリズムはないがしろにされがちだった。一九九三年の非立憲的な議会解散と議会ビル砲撃、九四年の第一次チェチェン戦争開始、九六年大統領選挙における金権選挙等々は、権力闘争を何よりも重視し、手続き的民主主義を軽視するエリツィンの政治姿勢をよく物語る。また、過去のロシア史において西欧志向の改革を「上から」の手法で強権的に実施しようとした最大の例は一八世紀のピョートル大帝だが、そのピョートルを範とする点でも、エリツィンとプーチンは共通している。両者の違いは、一方が民主的、他方が権威主義的という対比ではなく、エリツィンが目指しながらも実現できなかったものをプーチンがより実効的に達成した——一つには経済情勢好転のおかげ、もう一つには、議会で多数を占める巨大与党生誕のおかげで——という点にある。

巨大与党生誕の意味について簡単に補足すると、エリツィン時代の議会では共産党をはじめとする野党が有力で、政権の議会運営が苦しかったが、そうした状態からの脱却を求める政権周辺は、日本の自民党のような安定した政権党づくりを強く願望していた。二〇〇一年にいくつかの政党が合同して巨大与党「統一ロシア」が発足したのは、日本でいえば一九五五年の保守合同になぞらえることが

コラム⑩ 現代ロシアの政党制

ペレストロイカ期の1990年に複数政党制がソ連で導入されたのをうけて，ロシアでも次々と新しい政党が誕生したが，それらはどれも極度に弱体で流動的な存在にとどまった。90年代のロシアで，組織性をもった「政党らしい政党」といえば，93年に再建されたロシア連邦共産党のみだった。このように諸政党が弱体だったのは，大統領制という政治制度の特徴や，この時期を通じて経済が不調で国民の政権への不満が高かったことなどによる。政権周辺はこの時期に「政権党」づくりを何度か試みた——1993年選挙時の「ロシアの選択」，95年選挙時の「わが家ロシア」，99年選挙時の「統一」——が，どれもあまり成功しなかった。とはいえ，その成功度は徐々に高まり，そうした経験の蓄積の上に，2001年12月，いくつかの政権寄り政党が合同して巨大与党「統一ロシア」を結成した。これが「ロシア版保守合同」である。

日本の1955年においては「保守合同」とほぼ時を同じくして左右社会党が統一したが，ロシアでは「保守合同」とほぼ時を同じくして，最大野党たる共産党が分裂した。その結果，「統一ロシア」は，日本の自民党以上に強い一党優位制を実現することになった。

もっとも，あまりにも政権党が突出して議席を寡占状態におくことは，社会的不満の体制内的はけロ——一種の安全弁——を失わせるおそれがある。そのため，政権周辺の一部は，体制内的で穏健な野党づくりを試みるようになった。2006年に登場した「公正ロシア」がそれにあたる。政権の思惑で「上から」つくられる野党——見方によっては「半与党」——というものは自己矛盾をはらんでおり，これまでのところ，それほど確固たる勢力となることはできていない。とはいえ，体制内的な穏健野党というものの存在が議会政治安定の鍵だとするなら，この政党が今後どのような運命をたどるのか注目されるところである(63)。

できる（コラム⑩参照）。つまり、ある意味では、ようやく日本の自民党体制に似た状況ができ、政権の制約要因が一挙に弱まった(62)。これはエリツィン政権が達成しようとして達成できなかった状態をようやく実現したものとみることができる。

米政権は、かつてエリツィンが一九九三年秋にクーデタ的手法で議会を解散し、議会ビルへの砲撃を行なったときも、また一九九六年の大統領選挙で当初劣勢だったエリツィンが巻き返すために露骨な金権選挙と行政府ぐるみの選挙動員を行なったときも、とりたてて批判がましい態度をとることなく、むしろこれを基本的に是認した。これは、一つには「共産党の政権復帰の脅威」に対抗するためということで正当化され、もう一つには、当時のロシアが経済的・地政的に衰退していて国際政治上のライヴァルたりえないと見られていたためだった。ところが、世紀の転換点あたりから、米政権の対ロ姿勢は顕著な変化を遂げた。共産党が政権復帰する可能性はもはや度外視できるようになる一方、ロシア経済が復調傾向を見せ、また米外交がコーカサスおよび中央アジアへの野心を強め、ロシアの影響力排除を重視するようになったという情勢の中で、にわかに「ロシアにおける民主主義の後退」を強く批判しはじめたのである。

その一方で、ウクライナの「オレンジ革命」後のユシチェンコ政権、グルジアの「バラ革命」後のサアカシヴィリ政権については、その「民主化」というかけ声が、ほとんど検証抜きに受容される傾向がある（コラム⑪参照）。これは民主的規範がどこまで守られているかに関する「客観的」判断によ

コラム⑪ 「カラー革命」をめぐる論争

21世紀初頭に，グルジア（2003年末），ウクライナ（04年末），キルギス（05年春）の三国で，大衆運動をきっかけとする政権交代が生じた。その際，各国の大衆運動が特定のシンボル・カラーを掲げたことから，それぞれ「バラ革命」「オレンジ革命」「チューリップ革命」と呼ばれ，「色の革命（カラー革命）」と総称されたりもした。当時のアメリカではこれを「新たな民主化の進展」と捉える見方が支配的であり，そうした把握は日本にも輸入された。

しかし，そうした理解は当事者のスローガンないしキャッチフレーズをそのまま鵜呑みにしたもので，疑問とすべき点が多々ある。そもそも，キルギスの政変は事情がかなり違うので，類似性が大きいのはグルジアとウクライナの二国だけである。どちらも選挙における不正を指摘する大衆運動があったことから，当事者がこれを「民主化」と称するのは自然である。しかし，政権交代の前と後とを比べるなら，違いは相対的であり，「革命」といわれるほど画期的な変化があったわけではないし，「民主化」がどれほど実質的に進展したかも疑問である。

グルジアとウクライナの新政権はその支えをブッシュ・アメリカ政権に求めたので，ブッシュ政権はこれを「民主化」の名の下に支援し，両国をNATOに加盟させるべく強く働きかけた。そのため，ロシアの側から見ると，これら諸国の政権交代はアメリカの陰謀的な内政干渉の産物だと映った。これはもちろん一種の被害妄想的な過剰反応だが，近隣国がロシア離れ・親米化を強めたことに由来する孤立感のあらわれと見ることができる（この点については次節で後述）。

いずれにせよ，それから数年を経て，各国とも種々の変化を遂げている中で，かつて流行した「カラー革命＝民主化」論については，改めてその内実の検証が必要となっている(64)。

るというよりも、むしろ米政権に友好的な政権の非民主的行為は大目に見るが、あまり友好的でない政権の非民主的行為は見逃さないという、一種のダブル・スタンダードではないか――このような受けとめ方が、ロシア側に広まった。イラクへの武力による「民主主義の輸出」とも相まって、このことは「民主主義」の語の劣化を招いた。ブッシュ期に顕著だったこの傾向が、今後、オバマ政権下でどのように変わるかが注目されるところである。

4　冷戦終焉後の世界秩序再編成

冷戦期の回顧――二元論図式の問題性

冷戦後の世界秩序の変容について考えるに当たって、第Ⅲ章で論じた「冷戦の二通りの終わり方」という論点を想起する必要がある。というのも、「冷戦後」がどのような世界になるのかは、冷戦が「どのようにして終わったか」という問題と密接に結びついているからである。そしてまた、この問題は、冷戦をどのようなものとして総括するか――「終わったもの」はどのようなものだったのか――という問いとも結びついている。

今日の地点から冷戦期を振り返る際、そこにあったのは二極間の対峙だったという風に単純化して捉えられるのが通例となっている。アメリカvsソ連、自由主義陣営vs社会主義陣営、各国内における保守派（親米派）vs左翼勢力（親ソ派）、等々といった一連の二項対置がそれを象徴する。確かに、これは分かりやすい図式であり、現実政治をこのような形に収斂させようとする強いヴェクトルが作用していたことはいうまでもない。そして、ジャーナリスティックな解説の次元でも、このような二元論図式は圧倒的な影響力をもっていた。

だが、冷戦期という時代をその表層を蔽った図式で捉えて満足するのではなく、より全体的に振り返ろうとするなら、こうした二項対置図式がすべてではなかったということは明らかである。米ソ両陣営のどちらか一方を「絶対的正義」とし、他方を「絶対悪」とする硬直した思考法を批判し、そのような対峙の構図そのものを超えようとする努力は、さまざまな「第三勢力」によって積み重ねられてきた。そこには、「中道左派」ないし「左派リベラル」、「非同盟」路線、あるいは「新左翼」など、多様な潮流が含まれた。一九八〇年代末にゴルバチョフ外交およびそこで目指された「冷戦の第一の終わり方」が世界の多くの知識人に歓迎されたのは、硬直した二元論を超えようとする努力がようやく実を結ぼうとするかに受けとめられたからである。しかし、その流れがまもなく断ち切られ、「第二の終わり方」が選択されたことは、対峙の超克ではなく、「《正》が《邪》に勝った」という二元論的発想を強めた。ということは、単にソ連社会主義が敗れたというだけでなく、対峙構図の超克を目指していた「第三の潮流」全体が無力なものとして押し流されたということを意味する。

もちろん、冷戦後の世界は完全な一極集中（アメリカの全面制覇）になったわけではなく、さまざまな多面性がその後も存在し続けている。にもかかわらず、冷戦が「一方の全面勝利／他方の全面敗北」として終わったという感覚は、アメリカの「唯一の覇者」意識を強化し、「完全な一極化」という観念をかなりの範囲に広めることになった。この観念はブッシュ・ジュニア政権末期にほころびを見せはじめ、今ではようやく過去のものとなろうとしているが、とにかく冷戦終焉後の二〇年弱の期間、こうした構図が相対的に優越的な地位を占めたことは歴史的事実である。

現代世界を特徴づけるグローバル化は、そのものとしていえばアメリカ一極支配だけに尽きるものではないが、にもかかわらず、両者はしばしば重ね合わせて捉えられた。その背後にあるアメリカの軍事面をはじめとする種々の優位性はあくまでも相対的優位であって絶対的なものではないが、「冷戦の勝者」という意識がそれと重なり合うことで、あたかもアメリカが全世界的に普遍的な価値の担い手であるかの幻想を広めたのである。

「勝者」の価値観の「普遍」化

冷戦期の世界においては、最低限でも二通りの世界観や価値観――その両者を超克しようとする潮流を考慮に入れるなら、三通り以上となる――が存在するということが広く認められており、従って、特定の当事者が「普遍的」と見なす価値を第三者が無条件で「普遍的」と受けとるわけにはいかないということは自明だった。誰かがある価値を「普遍的」というなら、それはむしろ特定の党派性のあらわれだったのである。これに対し、冷戦が「一方の全面勝利／他方の全面敗北」――言い換えれば「《正》が《邪》に勝った」――という形をとって終わったと受けとめられたことは、「勝者」の価値観が「普遍的」なものだという意識を圧倒的範囲に広めることになった。そのことは、冷戦後の国際秩序変動の一つの顕著な特徴となっている。しかも、この特徴は自明視されがちであるために、そのようなものとして自覚されることさえもあまりない。

二大陣営の対峙構造が解消された後の世界がどのような構造をとるかは、抽象的にいえば多様な可能性が想定可能だが、とりあえず経済面では、旧社会主義諸国が――「社会主義市場経済」をとる中国を含めて――グローバルな世界市場に取り込まれ、それに伴って、モノ・ヒト・カネ・情報が国境を超えて飛び交うボーダレス化現象が飛躍的に増大し、「国家」の枠の相対化が進行した。これはある意味では「国民国家」を乗り越え、より普遍的な国際秩序に向かう動きとみることもできそうである。だが、「国民国家」が相対化される趨勢が強まるのに対抗するかのように、ナショナリズムの新たな高まりもまた進行している(65)。

冷戦後の世界が古典的「国民国家」体制を相対化しつつあることのもう一つのあらわれとして、かつてなら「内政干渉」と呼ばれたような行為が、「人道的介入」という形で正当化されやすくなったことが挙げられる。主権国家に対する外からの干渉の否定という原則は、長らく国際社会の基本原則とみなされていた。もちろん、実際には種々の干渉があったが、それはあれこれの言訳によって「干渉ではない」という外観が取り繕われ、建前としての「内政干渉は許されない」という規範意識は一貫して維持されていた。これは近代国際社会体系の基本的なルールとされ、冷戦期においても、「二つの超大国」による相互抑止が、そこからの大幅な逸脱をかろうじて食い止める歯止めとして機能していた。

ところが、冷戦後になると、むしろ「普遍的・道義的理由」に基づく介入（干渉）は必要かつ有用なものとして積極的に肯定されるべきだという見方が広まりだした。「人権が国家主権を超える」とか、介入は「人間の安全保障（ヒューマン・セキュリティ）」の一形態だという議論がそれである。こうした議論は抽象レヴェルでは一定の妥当性をもつ面があり、たやすく退けられるわけではない。そのことを踏まえた上での話だが、そうした考えが現実への適用においては一面的な「事実」認識に基づいた性急な判断――武力行使の正当化――に堕してはいないか、という疑問もまた打ち消しがたいものがある(66)。「人道」「人権」概念は、一面では「普遍的」正義としての性格をもっていながら、他面では介入の口実としての性格を帯びやすいという両義性につきまとわれている。冷戦期にあっては、「普遍的」と称する観点が複数存在したことから、何をもって「普遍的」な価値判断とするかについて自ずと慎重たらざるをえない状況があったのに対し、冷戦が「第二の終わり方」をしたことは、「正／邪」の判定は決着がつけられるものであり、その判定を下すのをためらうべきでないという考え方を強めた。

軍事紛争の性格変化

冷戦後の新しい状況は、軍事紛争のあり方を大きく変え、「新しい戦争」などと呼ばれる現象を増大させている(67)。その一つの特徴は、国家間の正規の戦争という形をとらない軍事紛争の増大である。

大国間の戦争は、冷戦期にもなかったし、冷戦後はますます考えられなくなった。冷戦期には、米ソ核戦争の脅威がきわどいバランスを形成し、かろうじて正面からの戦争を抑止していた（一部に「長い平和」という見方があるのは、その面を指している(68)）。冷戦後は、「唯一の軍事超大国」として残ったアメリカに挑戦しうるような「もう一つの軍事大国」は存在しなくなり、古典的な国家間戦争の蓋然性は一段と低下した。その代わり、小規模な地域紛争は、冷戦期よりもエスカレートしやすくなった。冷戦期には、米ソが背後で援助する国や武装勢力のあいだの紛争はあちこちであったが、それが米ソの核戦争にまでエスカレートすることは避けねばならないという暗黙の合意があり、それが「歯止め」として機能していたのに対し、今ではそのような歯止めがなくなったのである。

国家間の正規の戦争が難しくなった代わりに、「超大国」の支配に反抗する人たちの一部はテロ活動に向かい、そのことが「テロとの戦争」と呼ばれる事態を引き起こすようになった。この戦闘活動は、正規の「戦争」ではないため、国際法的な規制による歯止めが利きにくい。非正規戦においては戦闘員と非戦闘員の区別が付けにくいし、捕虜は「捕虜」としての処遇をうけるのではなく、「刑事犯罪人」として扱われ、しばしば拷問ないしそれに近い仕打ちをこうむったりしている。そしてまた、「テロリスト」はどこにでも浸透しうるとみなされるから、自国内での監視体制の強化、市民的自由の制約といった現象も生じる。アフガニスタンやイラクにおけるアメリカの軍事作戦も、チェチェンにおけるロシアの軍事作戦も、この点では同様の性格を示している。「非国家主体」による事実上の戦争も増大した。正規の国家間戦争でない「内戦」という現象自体は新しいものではないが、「戦争の民営化」と呼ばれる現象は、冷戦後の新しい動向である。

EUとNATO

以上では、アメリカによる一極支配化とみなされやすい流れについて主に見てきたが、そうした傾向に対する一つの歯止めとなるのではないかとの期待を集めているのが、ヨーロッパの動向である。「欧米」をひとまとめに見るのではなく、「欧州」と「米国」を区別してみるべきだとする考えは以前からもあったもので、最近になって突然現われたわけではない。とはいえ、冷戦期には「欧米vsソ連」という対抗軸が前面に立ち現われていたために「欧」と「米」の差異が軽視されがちだったのに対し、冷戦終焉後は、その対抗軸がとりあえず解消されたことによって、「欧」と「米」の差異を重視する考え方がより有力になってきた。ここまでは比較的分かりやすい話である。

しかし、では「欧州」と「米国」とを峻別することができるかといえば、ことはそれほど簡単ではは

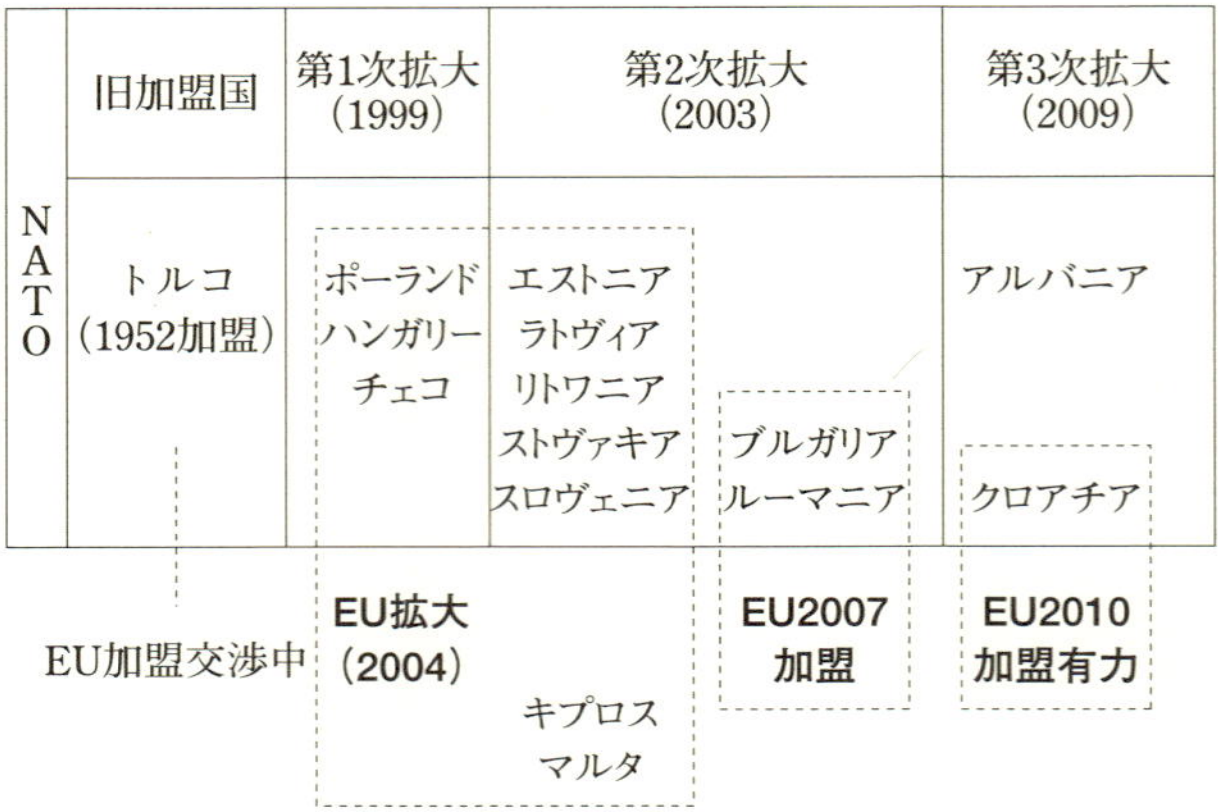

	旧加盟国	第1次拡大 (1999)	第2次拡大 (2003)		第3次拡大 (2009)
N A T O	トルコ (1952加盟)	ポーランド ハンガリー チェコ	エストニア ラトヴィア リトワニア ストヴァキア スロヴェニア	ブルガリア ルーマニア	アルバニア クロアチア
	EU加盟交渉中	**EU拡大** **(2004)** キプロス マルタ		**EU2007** **加盟**	**EU2010** **加盟有力**

＊さらなる拡大が話題となっているのは、バルカンではマケドニア、セルビア、ボスニア、旧ソ連圏ではウクライナとグルジア。

図3　NATOおよびEUの東方拡大

ない。ここで一つ興味を引くのは、EU（欧州連合）およびNATO（北大西洋条約機構）という二つの有力な国際組織が、それ自体としては性格を異にしながらも、ほぼ足並みをそろえる形で東方へと拡大してきたという事実である（図3を参照）。

　EUとNATOとは、重なり合う面と重ならない面とがある。最も分かりやすい差異としては、EUはアメリカを含まず、どちらかといえばアメリカ一極主義に対抗する性格をもっているのに対し、NATOはむしろアメリカ主導の性格が濃い。ヨーロッパ諸国のうちでも、相対的に親米色の濃い国々と、ある程度アメリカと距離をおこうとする国々とがあり、それぞれが「新しいヨーロッパ」「古いヨーロッパ」などといわれたりしているのは、こうしたEUとNATOの微妙な差異とも一部関係している（関連して、長らくEU加盟を希望しながら足踏みを続けているトルコは、冷戦の絶頂期にアメリカの同盟国としてNATOに加盟している)。また、EUはもともと経済統合から出発し、その他の領域にも次第に手を伸ばしてきたが、軍事的色彩は薄いのに対し、NATOは本来的に軍事同盟であり、冷戦後に一定の性格転換を試みているとはいえ、なお軍事面が最重視されるという基本性格は消えていないという点でも、大きな差異がある。

ロシアとの関係でいえば、EUはロシアの最大の貿易パートナーであり、ロシアにとってEUは基本的に協力の相手である——資源供給などをめぐり種々の対抗があるにしても、それは基本的な協働関係を前提にした上での個別的対抗である——のに対し、NATOはかつての冷戦期の軍事的な「敵」の後継者だという性格を払拭し切れていない。第Ⅲ章第3節で触れたように、ドイツ統一時にゴルバチョフは統一そのものには反対しなかったが、統一ドイツのNATO残留に対しては強く抵抗した。その抵抗をやわらげるため、アメリカおよび当時の西ドイツ政府は、NATOが東に進出するのは東ドイツ領どまりであり、それよりも東には「一インチも」進出しないと約束したが、この約束は数年を経ずして反故にされた。ソ連/ロシアの政治家の中で最も親西欧的なゴルバチョフにとってさえも、NATOの一方的な拡大——かつての二大軍事同盟のうちの一方が解体する中で、他方だけが勢力圏を広げること——は受け入れがたいことであり、一九九〇年代以降のNATOの東方拡大を「約束違反」と受けとめているのであってみれば(前出のコラム⑤参照)、他のロシアの人々はもっと強い反撥をいだいて不思議はない。一九九七年のNATO第一次拡大決定(ポーランド、チェコ、ハンガリー、正式加盟は九九年）をエリツィンが認めたのも、最大限に抵抗した上での渋々の譲歩だったし、ロシアの世論調査においては、EUについては好意的なイメージを持つ人が多いのと対照的に、NATOについては拒否反応が圧倒的である(69)。つまり、NATOへの反撥はプーチンその他の特定政治家に限られず、イデオロギーや政治的立場を超えて大多数のロシア人に共有されている。

このようにEUとNATOは種々の点で性格を異にしているが、にもかかわらず、現実には両者が足並みをそろえるようにして東方に拡大するというのが、一九九〇年代後半から二一世紀初頭にかけての経過だった。そうした中で、両者をセットにして加盟することが「ヨーロッパに入る」ことであり、それがすなわち普遍的価値の実現である、というような受けとめ方が広まった。EU／NATOは本来的には特定の空間的領域に限られた地域組織でありながら、同時に、あたかも普遍的価値の担い手であるかのようにしばしば見なされるという二重性をもっている。「ヨーロッパ的」という言葉が、特定の地域およびそれと結びついた特定の文化・宗教・歴史などを指すだけでなく、人類普遍の価値を指すかのように使われている例は稀でない。

このことは「ヨーロッパに入る」ことを目指す諸国にとって、とりわけ切実である。「入欧」が認められるかどうかは、あたかも入学試験の合否であるかのようにしばしば見なされている。多くの国は、「我が国まではヨーロッパに入りうるが、我が国よりも東の国々はヨーロッパたりえない」という競争を繰り広げ、「西」を高い価値とし、「東」を野蛮で劣等な存在と見なす態度をとろうとしている。これは、自分が極楽浄土に入るために自分よりも下の人たちを蹴落とそうとする「蜘蛛の糸」（芥川龍之介）的な状況を彷彿とさせる。

このことはまた、より「東」に位置する国――代表的にはロシア――への偏見を増幅する作用をもっている。EU／NATO新規加盟国（バルト三国、ポーランド、チェコなど）はNATO／米国への過剰な忠誠心を見せる傾向がある――イラク派兵、アメリカのミサイル受け入れ、CIAの収容所の設置など――ばかりでなく、EU全体の外交政策を反ロシアの方向に動かそうとしているようにみえる。これらの諸国はそれぞれ個別の問題でロシアと紛争をかかえているだけでなく、EUとロシアの協力関係そのものを妨害することに利益を見出そうとしているかのようである。これはロシアから見れば、新たな「封じ込め」であり、アメリカ主導の「新しい冷戦」への追随と受けとめられることになる。

旧ソ連空間の再編成

冷戦終焉は、旧ソ連圏をめぐる新しい地政学展開の始点でもあった。もっとも、ソ連解体直後の数年間は、米外交が旧ソ連地域に対してあまり積極的な関与を見せなかったこともあり、一挙にドラスティックな変化が始まったわけではない。しかし、米政権は一九九七年頃から、石油がらみで旧ソ連のうちのコーカサスおよび中央アジアへの関心を深め、これらの地域における伝統的なロシアの影響力を排除する方向に動き出した。これはロシアの側からいえば、アメリカがロシア孤立化政策に乗り出したという受けとめ方を広めるもととなった。

旧ソ連諸国のうち、アメリカとの提携を重視するいくつかの国は、米政権の奨励のもと、一九九七年にGUAM――グルジア・ウクライナ・アゼルバイジャン・モルドヴァの頭文字をとったもので、九九年にはウズベキスタンを加えてGUUAMとなった――を形成したが、これはロシアから見れば、アメリカによるロシア孤立化政策の産物と映った。このように、ロシアでいえばエリツィン政権の後期、アメリカでいえばクリントン政権の後期あたりから、米ロ関係は緊張の兆しを見せるようになった。ジャーナリスティックな解説では、米ロ関係はロシアでのプーチンおよびアメリカでのブッシュ・ジュニアの登場によって一挙に協調から対抗に転化したかに描かれがちだが、実際には、対抗関係の強まりは九〇年代末にさかのぼる。

もっとも、この対抗関係は一直線に拡大したわけではなく、二一世紀に入って、プーチンおよびブッシュの初期には、「九・一一」への対応をはじめとする協調路線――象徴的には、アメリカのアフガニスタン攻撃に際してCIS（独立国家共同体）諸国の領土を米軍が使用することに対してロシアは異を唱えなかった――がとられた。アメリカがABM（弾道弾迎撃ミサイル）制限条約からの一方的脱退を通告した（二〇〇一年一二月）ときも、プーチン政権はあえて強く抗議せず、対米協調路線を続けた。こうして、プーチン初期はエリツィン末期よりもむしろ米ロ関係が改善するかに見えたが、この状況は長続きせず、特に二〇〇三年のイラク戦争に際して、ロシアが独・仏と並んで米英主導の戦争

コラム⑫ 「新冷戦」／「新しい冷戦」

かつて1970年代後半に米ソ・デタントへの疑念が強まり，特に79年のソ連のアフガニスタン介入および81年のポーランド戒厳令を契機に再び東西対立が激化したことを指して「新冷戦」という言葉が使われたことがあった（その象徴として，1980年のモスクワ・オリンピックを多くの西側諸国がボイコットし，84年のロサンジェルス・オリンピックをソ連・東欧諸国がボイコットした）。これは長期的な意味での冷戦が持続するなかでの緊張度の変動に注目した一局面――一時低まりかけた緊張が再び高まった――を指した。これに対し，21世紀初頭にささやかれた「新しい冷戦（新冷戦）」の兆しとは，古典的な意味での冷戦が終わった後に，それとは別個に，新しい国際緊張が高まりつつあるかに見えるということであって，同じ表現ではあっても意味内容を全く異にする。本書では，70年代末－80年代初頭の「新冷戦」との混同を避けるために，「新しい冷戦」という表現をとることにする。

「新しい冷戦」はかつての冷戦と違って，イデオロギー上の対抗を基礎とするものではなく，地政学的な対抗という性格が主である。その意味では，こうした事態を描き出すのに「冷戦」の語を使うこと自体がミスリーディングだともいえよう。もっとも，そこに共通性が全くないというわけではない。二つの当事者が対抗しているとき，双方とも相手の意図に関して疑心暗鬼となり，そのことが対抗関係の悪循環的エスカレートをもたらすということがしばしば起きる。ブッシュ期のアメリカは，ロシアが「新しい冷戦」を仕掛けているという認識のもとに対ロ強硬策をとったが，ロシアの側から見れば，まさに米政権のそういう政策こそが「新しい冷戦」を仕掛けるものと映った。このような鏡像関係は，かつての古典的冷戦期と似たところがあった。ブッシュとプーチンのあいだで強まりかけたこの関係が，オバマとメドヴェージェフの「リセット」でどのように変わるかが注目される。

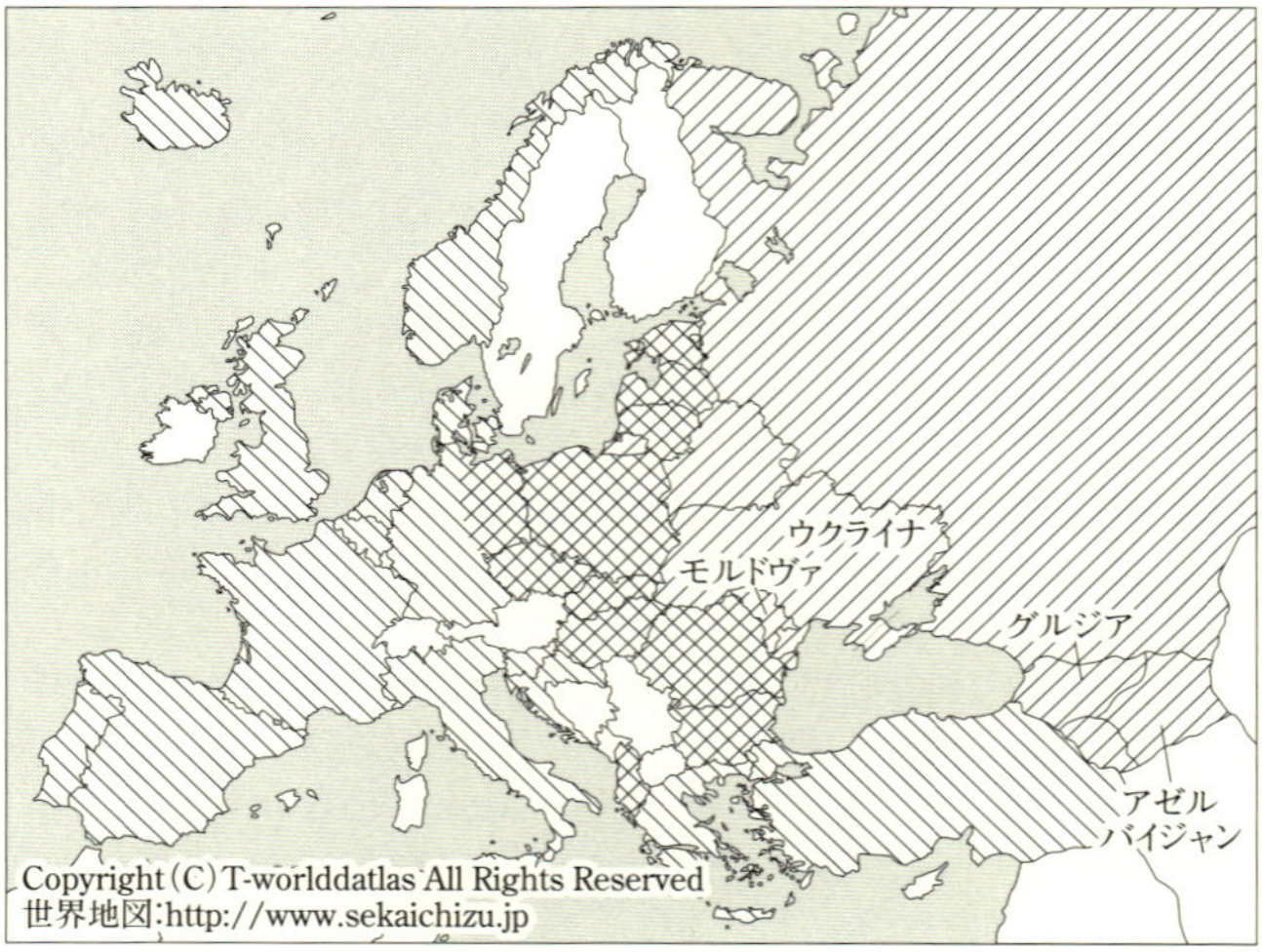

▧ NATO加盟国

▨ かつてのワルシャワ条約機構加盟国

注　アルバニア、ブルガリア、ルーマニア、旧東ドイツ、ハンガリー、ポーランド、チェコ、スロヴァキア、エストニア、ラトヴィア、リトアニア、が▩となる

地図中に国名を記したのはGUAM諸国

図4

に批判的な態度をとったことから、再び緊張と対抗に転じた。この緊張は二〇〇四－〇八年を通じて高まり、「新しい冷戦」の兆しとさえささやかれるようになった（コラム⑫参照）。

そうした中、グルジア、ウクライナ、モルドヴァの動向が国際的注目を集めるようになった。先述したGUAMは二一世紀初頭には空洞化し、いったん開店休業状態となっていたが、グルジアとウクライナの政権交代によって、「脱露入欧」志向がこれら諸国で高まり、GUAM復活再生が呼びかけられた（但し、ウズベキスタンは二〇〇五年五月に脱退したため、再びGUAMとなった）。モルドヴァではこのときに政権自体は変わらなかったが、ヴォローニン政権がヨーロッパ志向の方向に舵を切り、これに連なろうとした（もっとも、同政権は二〇〇七年以降に再び方向転換をした）。この新生GUAMは二〇〇六年五月に、「民主主義と発展のための機構」への再編を宣言した。一時期もてはやされた見方によれば、「カラー革命」（これについてはコラム⑪を参照）によって「民主化」を進めた諸国が外交路線も「親ロシア」から「親欧米」に切り替えたものと解説された。しかし、この図式にはいくつもの疑問がある。

どの国も広い意味で「親欧米」的であるほかないという状況は基本前提として一貫しており、特定の政権だけのものではない（この事情はロシアにも共通する）。しかし、その上で、「欧」と「米」の区別、また関連してEUとNATOの区別などの問題を考慮するなら、「親欧米」か否かを明快な二者択一の形で問うのはあまり適切でない。ロシアとの関係にしても、「親ロ」と「反ロ」のどちらかに割り切れるとは限らないし、歴史的に形成された密接な交流関係の維持自体は必ずしも「支配／従属」ということではない。それに、ヨーロッパとの友好関係とロシアとの友好関係が単純に排他的であるわけではない。ジャーナリスティックな解説では、ややもすれば一方への接近が他方への離反と等置されがちだが、こうした硬直した二者択一の発想は冷戦的メンタリティの残存物である。実際問題として、大多数の旧ソ連諸国では、親西欧志向と親ロシア志向の双方がアンビヴァレントな併存関係にあり、どちらか一方を切り捨てるという考えは現実的ではない。

それぞれの国の動向は非常に流動的だが、ごく簡単にスケッチしておく。ウクライナはもともとロシアとの歴史的・文化的共通性が大きく、それ自体の中にロシア的な要素と対ロ独自性を発揮したいという志向との二重性をかかえている。ときとして「脱露入欧」的雰囲気が高まることもあるが、それが一貫して全体を規定しているわけではない。世論調査ではEU加盟には大多数が賛成なのに対して、NATO加盟には反対が過半数である（これはモルドヴァでも同様）。グルジアの場合、「バラ革命」で退陣したシェワルナゼは、一九九〇年代初頭には対ロ関係を改善したが、その後に対ロ関係を緊張させていたから、彼からサアカシヴィリへの政権交代は「親ロシア・反欧米」から「反ロシア・親欧米」への転換を意味したわけではない。変化は、もとからの「親欧米」という域を超えて、イラクへの大幅増派――これによりグルジアは米英に次いで三番目に大きな兵力をイラクにおくことになった――に象徴される「親ブッシュ」性を明確にした点にある（首都トビリシから郊外の国際空港に至る幹線道路は「ジョージ・ブッシュ通り」と改称された)。ブッシュ政権との緊密な関係を支えとして、サアカシヴィリ政権は国内の少数民族およびその後ろ盾と見なされたロシアに対してタカ派的路線をとりだし、その頂点として二〇〇八年夏の衝突に至った(70)。モルドヴァの場合、政権はこの時期には変わらなかった――二〇〇九年に流動化が始まり、まだ着地点が見えない――が、同じ政権のもとで外交路線は二転三転しており、これは内政と外交が一対一対応しないことの好例である。

いずれにせよ、二〇〇五－〇八年頃の時点では、《反ロ・親米（親ブッシュ）的な政権は民主的、親ロ的な政権は権威主義的》というレッテル貼りが広められ、これが定着するなら、まさしく「新しい冷戦」的構図が固まるかにも見えた。しかし、この構図はそのままは定着しなかった。GUAMの中でもモルドヴァおよびアゼルバイジャンでは反ロ路線強化にためらいが大きく、NATO加盟を目指すと公言しているのはグルジアとウクライナの両政権のみであるし、その両国も国内の分岐が大きく、全国民が一丸となっているわけではない（二〇一〇年一－二月のウクライナ大統領選挙では、NATO加盟反対を公約としたヤヌコヴィチが僅差で当選した)。

「新しい冷戦」の兆しともいうべき動きは、二〇〇八年八月のロシア・グルジア衝突でいったん頂点に達した。しかし、同年末には、どん底に達したNATO＝ロシア関係の再修復の試みが始まり、二〇〇九年になってからはオバマ新米政権のもとで米ロ関係の「リセット」が呼びかけられ、再び様相の変化が生じつつある。今後の展開は未知だが、「新しい冷戦」状況はある程度後景に退きつつあるようにみえる。とはいえ、一時期広まりかけた正邪二元論的発想に基づく対峙構図は、今もなお消えたとは言い切れず、今後を見守る必要がある。

歴史認識問題への影響

冷戦終焉が本書のいう「第二の終わり方」という形をとったことは、歴史認識問題にも影響を及ぼした。というのも、「第一の終わり方」が平和共存の一層の推進の上に展望されるものだったのに対し、「第二の終わり方」は、米外交が対ソ平和共存ではなく徹底した強硬論＝タカ派政策をとるのが正しかったのだという冷戦史把握を正当化するものであるかに見えたからである。一九八八年にレーガン米大統領が訪ソしたときには、かつてソ連を「悪の帝国」と決めつけたレーガンが、「今では私はそう思わない。あれは別の時代のことだ」と発言し(71)、そのことこそが米ソの接近と冷戦の終焉を可能にするかに見えたが、九〇–九一年以降ともなると、やはり「ソ連＝悪の帝国」観が正しかったのだという把握が優越するようになった。このことは、冷戦期をどのようなものとして振り返るか――さらにさかのぼれば、第二次大戦およびその終結をどのように総括するか――という歴史認識問題にも影響せずにはいなかった。

この流れは、二一世紀初頭にバルト三国やポーランドがEU／NATOに加盟し、「オレンジ革命」後のユシチェンコ・ウクライナ政権が対ロ強硬姿勢を鮮明にする中で、より一層強められた。これら諸国の政権は、ソ連とロシアを暗黙に同一視し、自国をソ連／ロシアによる侵略の被害者と描き出す観点に立って、第二次大戦を「ファシズムと民主主義の戦い」とするかつての共通見解を全面否定し、むしろファシズムとソ連を同列視する歴史観を前面に押し出すようになった。ウクライナでは、ソ連時代の一九三二－三三年に起きた大飢饉を「ウクライナ民族に対するジェノサイド」だとする国会決議が二〇〇六年一一月に採択されて以降、その国際的承認を求めるキャンペーンが続いている。バルト諸国でも、種々の歴史記念碑をめぐる論争――一方ではレーニン像やソヴェト兵士像の撤去問題、他方では、第二次大戦中にナチと協力してソ連と戦ったエストニア民族主義者の記念碑設置問題など――が続いた。二〇〇五年五月の終戦六〇周年に際して、モスクワで戦勝祝賀祭典が各国首脳を招いて開催されたとき、エストニアとリトワニアの大統領は出席を拒んだ。時を同じくして、ブッシュ米大統領はラトヴィアのリガで、「ヤルタ協定は誤りだった」と発言したが、これは冷戦期の平和共存論の前提認識を覆す意味をもつ。こうした一連の動きは、第二次大戦の大きな見取り図に関する大転換を迫るかのようである(72)。

バルト諸国、ポーランド、ウクライナなどで強まりつつある新しい歴史認識はソ連体制をロシアと等置し、そのソ連＝ロシアと戦った人々の名誉顕彰を重要な柱としている。これに対し、多くのロシア人の観点からすれば、ロシア人こそがスターリンの犯罪の最大の犠牲者だったし、ソ連体制の指導部にはウクライナ人、グルジア人、ユダヤ人、ポーランド人などさまざまな民族の出身者が含まれたことが強調される。また、バルトやウクライナで反ソ闘争を遂行した人たちの一部がナチ・ドイツと一時的・便宜的にもせよ提携した点は、特に微妙な問題をはらんでいる。

バルト三国やポーランドでは、ナチズムがヨーロッパ全体で断罪されているのと同じ意味で共産主義を「ヨーロッパ全体の敵」と位置づけるよう要求する声がある。ナチズムのシンボル（カギ十字など）を公けの場でつけることを刑事罰の対象とするのと同様に、共産主義のシンボル（鎌と槌や赤い星の旗やバッジなど）の使用も刑事罰の対象とすべきだとの主張も高まっている。かつて一九八〇年代に、当時の西ドイツで「歴史家論争」なるものがあり、ノルテをはじめとする一連の論者がナチの犯罪を共産主義への防衛反応と位置づけることによって相対化しようとしたのに対し、ハーバーマスらのいわゆる「進歩派」が激しく反撥し、大論争を繰り広げたことがあった(73)。当時、日本でもこの論争は広く紹介されたが、その際、「進歩派」の歴史家たちはハーバーマスらの立論に共鳴し、ノルテの問題提起を一蹴する傾向があった。しかし、それから二〇年あまりを経た今日、公言するかどうかは別として、事実上、かつてのノルテと同様の立場を受容する傾向が世界的に広まっているように見える。

過ぎ去らない冷戦的思考法

この節の冒頭に、かつての冷戦時に二極対峙構図を超えようとする試みがあったこと、しかしその試みは現実政治において有力な流れとなり得ず、冷戦終焉が「第二の終わり方」をしたこととも関係して、むしろ押し流されてしまったことを述べた。このことは、「新しい冷戦」的状況の再浮上のなかで改めて思い起こす価値がある。

互いに対立しあう陣営間で相互の不信・猜疑心が悪循環的なエスカレーションを生むという構図は、かつての冷戦開始時にも、二一世紀初頭の「新しい冷戦」的状況にも共通している。相手方に邪悪で侵略的な意図があるのではないかと疑うことは、「そうした敵に対抗するためには、軍事・外交・イデオロギーなど、あらゆる分野で反撃能力を高めねばならない」という発想を強めるが、そのこと自体が相手方の同様の反応を誘発し、対抗関係がスパイラル状にエスカレートしていきやすい。そして、かつてもそうだったが、政治家だけでなく観察者たちもまた、この対抗構図に巻き込まれやすい。一方の側からする一面的な見方を批判すると、あたかもそれと反対側の立場を擁護するかのように受けとられやすく、双方から等分に距離をおいて見ようとする立場を堅持することがきわめて難しくなるのである。

かつての冷戦期に、「親共」ないし「容共」ではないけれども「反共」には反対という立場は「反・反共主義」と言い表わされた。こうした発想は、ある時期のリベラルないし「進歩的知識人」には相当広く共有されていた。よく知られている例として、丸山眞男の発言がある。

「政治的には、私は自分なりの状況判断として反共主義に反対という意味での反・反共主義でずっとやってきました。マルクス主義への学問的批判が政治的反共と直結しているのはそれこそスターリニズムをそっくり裏返したものにすぎないし、第一それでは、マルクス主義者の硬直症や自閉症をますます亢進させる効果しか生まないのはすでに実例であきらかです。前にもいった、左翼にだけ居丈高になるような反マルクス主義文化人から、お前は容共だとか左翼追随だとかいくらいわれたって、ちゃんちゃらおかしいと思うだけです(74)」。

おそらくこれと同種の発想を持つ人は珍しくなかっただろう。これは日本だけのことではなく、アメリカのリベラル知識人のあいだにも同種の心性があったことが、文化人類学者クリフォード・ギアツの発言から知られる。彼は「反=反相対主義」と題した講演の中で、このようなタイトルを付けるのは、「攻撃される側の見解を防衛しようとするのではなく、攻撃する側を攻撃しようとすることを示すため」だとして、次のように語っている。

「この言葉を選ぶに当たって私の心にあったのは、冷戦時代のさなか、(覚えておいででしょうが)反=反共産主義と呼ばれたものへの類比です。……共産主義の脅威を強調することに反対したわれわれの側の人々は、そのような脅威を現代政治のまぎれもない現実と考える人々によって、二重否定の法則によりソ連に対する親近感を密かに抱く者として、後ろ指を指されることになりました(75)」。

ここでギアツは、彼の「反＝反相対主義」とかつての「反＝反共産主義」とは内容的には全く別の話だが論理の形の上で共通しているとし、後者の言葉づかいが多くの人に記憶されているだろうことを示唆している。それればかりか、「われわれの側の人々」と述べて、自分自身がかつてそれにコミットしていたことを明示している点は興味深い。

こうした「反・反共主義」は、冷戦期にあってその二極対峙構図を超えようとする試みだった。「親共（ないし容共）」でも「反共」でもなく「反・反共」という態度選択は、「親ソ」でも「反ソ」でもない「知ソ」という観点の探求（一四一―一六頁参照）とも響きあうものがあった。しかし、冷戦の「第二の終わり方」が優勢になった今日、かつての「反・反共主義」はしょせんは容共ないし親共でしかなかったのだとして、その「誤り」を指摘する傾向が強まっている。

社会主義圏の崩壊は、それ自体としていえば、いわゆる正統左翼――ソ連・東欧の社会主義を是認し、あるべき目標とみなす――だけにかかわるものであり、それ以外の広義左翼諸潮流に直接響くことはないと考えることもできるはずだが、現実には、右翼反共主義と新自由主義（市場原理主義）が圧倒的な勝利を誇るなかで、それ以外の立場は一斉に後退した。それは、いま述べたような事情と関係している。社会民主主義を共産主義と同列視して一緒に葬り去ろうとするような態度は、ヨーロッパではともかく、アメリカや日本では特に強い（現代ロシアでも同様であり、社会民主主義は極度に弱い）。もっとも、右翼反共主義と新自由主義（市場原理主義）が勝ち誇ったのは比較的短期の動向であり、しばらくすると、国と時期による差異はあるにせよ、リベラル左派や社会民主主義などの復調も見られるようになったし、最近では新旧の「古典的左翼」の復活さえも一部で見受けられる。だが、そうしたなかにあっても、今日の中道リベラルないしリベラル左派の多くは、現存した社会主義を含む冷戦期の歴史把握に関しては、「ソ連だけが常に一方的に悪いと決まっているわけではない」（だからといってソ連側が正しいと主張するわけではもちろんない）というかつての立場を捨て、むしろ「ソ連＝悪の帝国」的な把握に傾斜しがちである。それというのも、古くさいソ連擁護論か右翼反共主義の立場からの単純な断罪を受け入れるかの二者択一しかあり得ないかのようなイメージが広まっているからである。こうした不毛な二者択一を超えない限り、冷戦的思考法の超克はありえないが、それは今なお極度に難しい。冷戦の「第二の終わり方」が正邪二元論的思考法を強めた上に、「新しい冷戦」的構図がそれをさらに増強しかねない状況があるためである。外交面のみならず、思考法の次元においても「リセット」が求められている。

V　結びに代えて

冷戦後の二〇年

冷戦終焉後の約二〇年は、比較的最近までの大きな趨勢としていえば、市場の論理の圧倒的な優位を特徴としてきた。指令経済を基軸とする社会主義の自壊——「社会主義」の旗をまだ降ろしていない中国も、経済面ではほとんど資本主義と見分けがたくなりつつある——は、何よりも雄弁に市場の優位性を証明したかに見えたからである。他面、そうした時期が十数年続いた後のここ数年は、各国内でも、またグローバルなレヴェルでも、経済格差の拡大、社会的紐帯の弱化などといった現象が改めて注目を浴び、一種の変化が生じつつあるようにも見える。

もともと指令経済＝現存社会主義の批判は「悪平等」批判を大きな要素として含んでいたことを思

い起こすなら、格差の拡大それ自体は社会主義退場の当然の帰結というべきもので、驚くべきことではないし、それだけとってみればあながち否定すべきものでもない。だが、格差の規模および構造、そしてそれを「公正な格差」とみるべきか否かは、社会を引き裂く大きな争点となっている。一方において政治権力との癒着や犯罪まがいの行為で巨万の富を蓄える人たちが現われ、他方において最低生活の保障もおぼつかない貧困層が増大するなら、社会的には非常に不安定な状態になる。現にロシアを含む旧ソ連諸国の多くではそういう状況が生じているし、それはその他の諸国にとっても無縁ではない。

そのような現状のなかで、格差批判、グローバリズム批判、市場原理主義批判等々の声が世界各地であがっている。だが、それらの人々も、だからといって市場そのものの全面否定を唱えるわけにはいかないというのが、「現存した社会主義」の経験を経た今日の特徴である。そこから、「オールタナティヴ不在」という閉塞感が広まることになりやすい。新自由主義と社会主義のどちらにも期待をかけることのできない社会層の不満は、はけ口を失い、あるときはポピュリスト型の政治家に幻想的な期待をかけたり、あるときには排外的ナショナリズムに走ったり、さらにまた一部はテロリズムに傾斜したりするということになりやすい。現状への不満ないし批判の増大が、現状に代わりうるものへの希望の明確な提示を伴わないままに進行しているのが実情であるように思われる。

希望の模索と社会主義再考

そのような情勢であるとはいえ、種々の代替構想の提示を試み、希望の再生を目指す動きがないわけではない。それがどこに行き着くかは別として、人が希望なくして生きていくことができない以上、それは当然のことである。

希望というものは、多くの場合、目標を全面的に達することはなく、幻滅に至る。しかし、人は希望を持たずには生きていられないので、再び何らかの希望を懐く。その希望もまたいずれは十分に達せられない中で失望に至る。こうして、希望－幻滅－希望の再生－再度の幻滅……というサイクルが描かれる――これは一般論だが、社会主義は飛び抜けて大きな目標を掲げたため、そのかき立てた希望が非常に大きかった代わりに、その後の幻滅もまた非常に深かったという点に特徴がある。早い例としては、スターリン時代以降、熱烈な共産主義者が幻滅を経て熱烈な反共主義者に転向するという変身は、何度となく大勢の人々によって繰り返されてきた。

そして、ソ連・東欧社会主義圏解体後の幻滅もまた、非常に広い範囲にわたっている。「現存した社会主義」について以前から批判的考察をしていた人たちにとっては、その体制が種々の矛盾をかかえていたということ自体は新発見ではなく、特にショックではないが、それにしてもその深さは予想を超えた面があった。そしてまた、従来、社会主義についてそれほど本格的な関心をもつわけではなく、漠然たるイメージで捉えていた人たちにとっては、否応ない形で結論が突きつけられることにより本物のショックが訪れ、それからほぼ二〇年を経た今でも、その後遺症は消えていない。「坊主憎けりゃ袈裟まで憎い」的に罵詈雑言を浴びせねば気が済まないという雰囲気が広まり、そうした風潮に少しでも歯止めをかけようとすると、「お前は今でも社会主義を擁護するのか」という非難が浴びせかけられる。かつて多少なりとも社会主義に好意的な態度をとったことのある人ほど、「かわいさ余って憎さ百倍」となりがちである。こうした状況はソ連解体直後に一挙に氾濫した後、今日に至るまで持続しており、過去を冷静に見ることが今なお困難である。

このように考えるなら、ロシア革命およびソ連が喚起した社会主義への期待は、いわば功罪ともに際だって大きなものだったということができる。かつてかき立てた期待、希望、夢、熱狂が深く大きかった分、その反動としての幻滅、失望、アパシー、シニシズムなどの現象も広く深いものがあり、今なおその状態から脱し切れていないのが実情であるように思われる。

他方、いまでは、一九八〇年代末－九〇年代初頭の「脱社会主義革命」がかき立てた期待もまた、幻滅にとって代わられている。旧社会主義諸国の体制移行過程は順調から程遠く、またそれ以外の全世界を見ても、グローバルな格差とさまざまな形の政治暴力が広がっている。かつて社会主義に共鳴していた人たちの一部には、そのような現実をみて、「やはり資本主義も大きな矛盾をかかえているじゃないか」と叫ぶ傾向がある。その指摘自体には当たっている面がある。だが、今日の資本主義が大規模に再生産している矛盾は、かつて社会主義が解決すると称して解決できなかったものだということを思いだすなら、「自分たちが負けたと思ったら、勝ったはずの相手もやはり負けているじゃないか」というのは、一種の負け惜しみのように映る。

現代の世界に種々の矛盾があるのは明らかだが、そのしわ寄せのもとにある社会的弱者たちは、往々にして、「自分たちよりももっと弱い弱者」を探して鬱憤晴らしをしようとしており、そのことがポピュリズムや排外的ナショナリズムの社会的基盤となっている。こうした現状を生じさせた一つの要因として、広義の「左翼」「社会主義」が徹底して信用を落とし、人々の心を捉えるものでなくなったという事実がある。グローバリズムや市場原理主義の犠牲者たちがその期待を「左翼」「社会主義」にかけられないからこそ、このような現実が生じているのではないだろうか。とすれば、かつて「左翼」を自認していた人たちは、「資本主義も大きな矛盾をかかえているじゃないか」といった負け惜しみで自分を慰めるのではなく、「どうしてここまで深い幻滅が広がったのか」ということを真剣に反省する必要があるのではなかろうか。

社会主義圏の解体という現実に対し、その結論をあまりにも自明視することは、市場原理主義の席巻とグローバリズムの安直な賛美をもたらした。他方では、そうした風潮に抗議するあれこれの現状批判運動も存在するが、それらの運動を担う人たちの多くは、「われわれはソ連のような社会主義とは違うんだ」ということを、ほとんど論証抜きに安易に振り回すことで、その教訓化を深めることを怠っている。こうした状態を突破するためにも、二〇年前に終わったものはどのようなものであり、それはどのようにして終焉を迎えたのかを、改めて掘り下げて考える必要があるのではないだろうか。

注

＊以下の注の中で私の研究ノートあるいは読書ノートとあるものは、いずれも私のホームページ上で公開されている。なお、私のホームページのＵＲＬは、大学のサーバー・システム変更に伴い、二〇一〇年初頭の移行期を経て、以下のように変更予定。
（旧）http://www.j.u-tokyo.ac.jp/~shiokawa/
（新）http://www.shiokawa.j.u-tokyo.ac.jp/

はしがき

（1）「新しい戦争」については数多くの文献があるが、代表的なものとして、メアリー・カルドー『新戦争論――グローバル時代の組織的暴力』岩波書店、二〇〇三年。
（2）森政稔『変貌する民主主義』ちくま新書、二〇〇八年、二六頁。

第Ⅱ章

（3）従来の社会主義論の種々の類型について、塩川伸明『現存した社会主義――リヴァイアサンの素顔』勁草書房、一九九九年、一八―二五頁参照。
（4）А. Грачев. Дальше без меня...Уход Президента. М., 1994, с. 129-130. 塩川伸明「ソ連解体の最終局面――ゴルバチョフ・フォンド・アルヒーフの資料から」『国家学会雑誌』第一一〇巻第七・八号、二〇〇七年、一二一頁参照。

(5) 塩川伸明「歴史的経験としてのソ連」『比較経済体制研究』第九号、二〇〇二年、六-七頁、塩川『《20世紀史》を考える』勁草書房、二〇〇四年、七頁など。

(6) これらの点につき、詳しくは、塩川伸明『現存した社会主義』(前注3)、特にその序章を参照。

(7) 「複合革命」とは、フランス革命についてのジョルジュ・ルフェーヴルの見解を応用して、和田春樹が唱えたものである。それによれば、二月革命はブルジョアの革命と労兵革命の二本立て、一〇月革命は労兵革命、農民革命、民族革命の三本立てだったとされる。『岩波講座・世界歴史』第二四巻(現代1)、岩波書店、一九七〇年の中の和田担当の諸章、また農民革命については、和田春樹『農民革命の世界』東京大学出版会、一九七八年を参照。

(8) より詳しくは、塩川『現存した社会主義』(前注3)第Ⅱ章第3節、同『《20世紀史》を考える』(前注5)第7章を参照。

(9) 共産主義システムは「早まった福祉国家」だったというのは、著名な経済学者コルナイの一貫した指摘である。J. Kornai, "Reforming the Welfare State in Post-Socialist Societies," *World Development*, vol. 25, no. 8, April 1997.

(10) 塩川伸明『多民族国家ソ連の興亡』Ⅰ・Ⅱ・Ⅲ、岩波書店、二〇〇四-〇七年。この三部作はやや膨大に過ぎるが、より簡略なものとしては、『《20世紀史》を考える』(前注5)第8章、「旧ソ連地域の民族問題――文脈と視点」『ユーラシア研究』第四〇号(二〇〇九年)、「ある多言語国家の経験――ソ連邦の形成・変容・解体」(多言語社会研究会二〇〇六年度大会報告、私のホームページの「研究ノート」のページに収録)、またテリー・マーチン『アファーマティヴ・アクションの帝国』(明石書店、二〇一〇年刊行予定)に収録の「解説」などがある。

(11) 古矢旬『アメリカニズム――「普遍国家」のナショナリズム』東京大学出版会、二〇〇二年、二八一頁、注42。

(12) ソ連における大衆反乱の実態は最近まであまりよく知られていなかったが、ソ連解体後に、新たに利用可能となった原史料に基づく研究書が著わされた。それによれば、一九六二年のノヴォチェルカッスク暴動以降、大規模な衝突事件は減少に向かい、一九六九－七六年にはKGBは騒擾を一件も記録していない（七七－八二年には一件だけ）。В. А. Козлов. Массовые беспорядки в СССР при Хрущеве и Брежневе. (1953-начало 1980-х гг.). Новосибирск, 1999, с. 8.

(13) 一九七七年憲法草案の全人民討論時に複数政党制の提案があったこと（もちろん、当時は非公表）については、Г. И. Злоказов. Конституция СССР 1977 г.: "несвоевременные" мысли современников. //Вопросы истории КПСС, 1990, No. 10, с. 74. ブレジネフへの辞任提案については、塩川伸明『ソヴェト社会政策史研究』東京大学出版会、一九九一年、四二九頁参照。

(14) 文化としての「現存した社会主義」については、塩川『現存した社会主義』（前注3）第Ⅲ章第1節を参照。

(15) 後期社会主義体制下の青年層の意識に内在した人類学的研究として、Alexei Yurchak, *Everything Was Forever, Until It Was No More: The Last Soviet Generation*, Princeton University Press, 2006 が興味深い。

(16) かつての「社会契約」テーゼの簡潔なまとめとして、Linda J. Cook, *The Soviet Social Contract and Why It Failed: Welfare Policy and Workers' Politics from Brezhnev to Gorbachev*, Harvard University Press, 1993, chapter 1 参照。

(17) James R. Millar (ed.), *Politics, Work, and Daily Life in the USSR*, Cambridge University Press, 1987.

(18) とはいえ、研究者の世界では、一九五六年を振り返る試みがいくつかなかったわけではない。ソ連史の文脈の中でフルシチョフ報告を位置づけ直そうとした松戸清裕「スターリン批判とフルシチョフ」『ロシア史研究』第八〇号（二〇〇七年）、ハンガリー事件に関する最近の研究動向をまとめた平田武「一九五六年革命とハンガリー現代史研究」『東欧史研究』第三〇号（二〇〇八年）、日本におけるスターリン批判の影響を論じた富田武「スターリン批判と日本の左翼知識人」『現代の理論』二〇〇六年秋季号、また私の研究ノート「スターリン批判と日本」などを参照。

第Ⅲ章

(19) 法則論的な歴史観を批判し、「大きな結果が生ずるには、大きな、目立った原因があるはずだという思いこみを捨てねばならない」と主張して、多様な要因が次々と積み重なる経過を追求することの重要性を説く議論として、三谷博『明治維新を考える』有志舎、二〇〇六年があり、本書のテーマにとっても示唆的である（同書への私の読書ノートも参照）。

(20) 「崩壊」と「解体」のもう一つの違いとして、後者はソ連邦という国家の一五の独立国家への分解を指すのによりふさわしいという点もある。ソ連国家の分解についても必然論的な捉え方が広まっているが、最末期における具体的な選択には明らかに政治家たちの決断が関与していた以上、「必然の流れとして崩れた」というイメージの「崩壊」よりも、「解体」の方がふさわしい（具体的な過程については、塩川伸明『国家の構築と解体――多民族国家ソ連の興亡Ⅱ』岩波書店、二〇〇七年、同「ソ連解体の最終局面」（前注4）を参照）。他方、社会主義体制の終焉については、本文で述べた中期の蓋然性という観点から「崩壊」という言葉を使うことにもそれなりの意味がある。但し、これも短期的な過程に注目する場合にはそう簡単に必然性をいうわけにはいかないということを念頭においておく必要がある。

(21) 「未練史観」については、E・H・カー『歴史とは何か』岩波新書、一九六二年、第Ⅳ章、また塩川

『《20世紀史》を考える』(前注5) 第11章も参照。

(22) このような「後知恵」による必然性論を痛烈に批判したアメリカ人研究者の近著として、Stephen Cohen, *Soviet Fates and Lost Alternatives: From Stalinism to the New Cold War*, Columbia University Press, 2009がある。コーエンの議論はやや「未練史観」に傾斜している観があり、また社会民主主義化の実現可能性をアーチー・ブラウン(後注23・28)以上に過大評価しているなど、いくつかの問題点をかかえているが、ともかく安易な必然論に対する批判としては鋭いものがある。

(23) Archie Brown, *Gorbachev Phenomenon*, Oxford University Press, 1996, p. 93 (邦訳『ゴルバチョフ・ファクター』藤原書店、二〇〇八年、二〇〇頁)、Archie Brown, *Seven Years That Changed the World*, Oxford University Press, 2007, pp. 18, 188.

(24) **Первый съезд народных депутатов РСФСР. Стенографический отчет.** т. II, М., 1992, с. 234, 245.

(25) 一九二三年の「協同組合について」の一節。邦訳『レーニン全集』第三三巻、一九五九年、四九四頁。

(26) 塩川『現存した社会主義』(前注3) 四四二-四四四頁参照。なお、ほぼ同じ時期、中国でも「新権威主義論」が一部の学者によって唱えられた。これは、少し後の天安門事件で失脚する趙紫陽総書記代行に期待する人たちが、彼による「権威主義的な」手法での改革を望むという議論であり、「改革」推進と「権威主義」を結合する点でミグラニャンらの議論と類似性がみられる(趙紫陽を切り捨てた後の鄧小平も、事実上この路線をとったという風に見られなくもない)。

(27) 一九九〇年初頭にヨーロッパ八カ国で行なわれた世論調査によれば、「共産主義」の語に対してハンガリーとポーランドでは圧倒的に否定的な反応が多いのに対し、ソ連では肯定的な反応が多かった。「リベラリズム」の語への反応は、ちょうどこの逆になっている。**Московские новости**, 1990, No. 9 (4 марта), с. 12. 同様の結果を示している調査は他にも多い。**Московские новости**, 1990, No. 2 (14 янва-

ря), с. 9; Аргументы и факты, 1989, No. 52（30 декабря-5 января), с. 3（А. Арефьев）など。

（28） ペレストロイカ後期のゴルバチョフが「社会主義堅持」と語るときの「社会主義」とはもはや共産主義ではなく社会民主主義だったということを強調する代表的論者は、イギリスの政治学者アーチー・ブラウンである。彼によれば、ヨーロッパでは社会民主主義の伝統があるので、こうしたゴルバチョフの発想が理解しやすいが、アメリカでもロシアでも社会民主主義が弱いためにこれが理解できないのだという。前注23の二著を参照。ブラウンの議論はややゴルバチョフ擁護論的色彩が強すぎ、歴史における「未練論」に傾斜しているが、ゴルバチョフ指導部が次第に社会民主主義に傾斜していったという指摘自体は当たっている（前注22のコーエンも同様）。ブラウンおよびコーエンに欠けているのは、そのような路線が敗北したのはどうしてかという理由の解明である。本書は安易な必然論批判および後期のゴルバチョフを社会民主主義路線とする解釈をブラウンおよびコーエンと共有するが、どうしてその路線が敗北したのかの解明に、彼らよりも力点をおいている。

（29） Коммунист, 1988, No. 17, с. 8, 10-12.

（30） Российский государственный архив социально-политической истории（РГАСПИ), ф. 606, оп. 2, д. 521, лл. 7-23.

（31） В Политбюро ЦК КПСС... По записям Анатолия Черняева, Вадима Медведева, Георгия Шахназарова（1985-1991). М., 2006, с. 517. なお、この資料集には二通りの版がある（ともに二〇〇六年刊で、どちらが初版・第二版というような説明はなく、ＩＳＢＮも同一）が、ハードカバーとソフトカバーとで頁数が異なっている。ここではハードカバー版の頁数を挙げた。

（32） Правда, 26 ноября 1989 г., с. 1-3. 複数政党制導入の経緯については、塩川伸明「旧ソ連における複数政党制の出発」木戸蓊・皆川修吾編『スラブの政治』弘文堂、一九九四年所収参照。

（33） Г. Шахназаров. Цена свободы. М., 1993, с. 445-447.

（34） В Политбюро ЦК, с. 550.

（35） Правда, 11 июня 1990 г., с. 3-4; XXVIII съезд Коммунистической партии Советского Союза. Заседание секции "Обновление партии". Бюллетень для делегатов съезда. М., 1990 (РГАСПИ, ф. 646, оп. 1, д. 16), с. 41.

（36） А. С. Черняев. Шесть лет с Горбачевым. М., 1993, с. 37, 57-58（チェルニャーエフ『ゴルバチョフと運命をともにした２０００日』潮出版社、一九九四年、四八、六九-七〇頁）。

（37） В Политбюро ЦК, с. 108.

（38） ドイツ連邦共和国基本法（憲法）一四六条は、将来の統一後の新憲法体制への移行を予定していた。従来の解釈では、この基本法はドイツ統一実現までの暫定的なもので、統一は一四六条によって実現されるというのが一般的な見方だった。他方、同じ憲法の二三条は「ドイツの他の部分」への基本法適用範囲拡大に言及しており、これの適用は、東の西への吸収路線を意味した。

（39） S・タルボット、M・R・ベシュロス『最高首脳外交』上、同文書院インターナショナル、一九九三年、二九五-二九六頁。Е. Примаков. Годы в большой политике. М., 1999, с. 231-233; プリマコフ『クレムリンの五〇〇〇日』NTT出版、二〇〇二年、一三四-一三六頁（後者は前者を訳したものではなく、別々の著作だが、この個所についてはほとんど同じ内容になっている）。

（40） *RFE/RL Newsline*, vol. 12, no. 86, Pt. I, 7 May 2008.

（41） この過程について詳しくは、塩川「ソ連解体の最終局面」（前注4）参照。

（42） Cohen, *op. cit.* (supra n. 22), pp. 160-161 and notes 76 and 77 on p. 279.（ブッシュ（父）、後にブッシュ・ジュニアのもとで国務長官をつとめるライス、およびレーガンの発言が引用されている）。

（43） 塩川『《20世紀史》を考える』（前注5）第9章および終章参照。

（44） 典拠は、本文に挙げた順に、Московские новости, 1990, No. 45 (11 ноября), с. 7; Независимая газета, 28 февраля 1991 г., с. 2; РГАСПИ, ф. 606, оп. 2, д. 556, лл. 2-3.

（45）詳しくは、塩川『国家の構築と解体』（前注20）、同「ソ連解体の最終局面」（前注4）を参照。

（46）この草案における「共産主義」への唯一の言及は――「ソ連共産党」という固有名詞や「共産党員」という表現を別にするなら――、それを「歴史的展望」とし、「全人類的価値、進歩と公正の調和的結合、個性の自由な実現に立脚した社会的理想」として理解する、というくだりだけである。**Правда, 8 августа 1991 г., с. 3-4.**

第Ⅳ章

（47）「移行学」の代表的文献として、Juan J. Linz and Alfred Stepan, *Problems of Democratic Transition and Consolidation: Southern Europe, South America, and Post-Communist Europe*, The Johns Hopkins University Press: Baltimore and London, 1996. これをうけた後続文献は枚挙にいとまがない。

（48）私自身は早い時期に、『現存した社会主義』（前注3）第五章でいくつかの問題提起を試みた。「主流」の議論に内在しつつ、その批判的超克を試みた例として、仙石学「中東欧研究と比較政治」『スラヴ研究』第五三号（二〇〇六年）などがある。

（49）Robert A. Dahl, "Why All Democratic Countries Have Mixed Economies," in John W. Chapman and Ian Shapiro (eds.), *Democratic Community*, New York University Press, 1993; またR・A・ダール『デモクラシーとは何か』岩波書店、二〇〇一年、第一三－一四章は、デモクラシーと資本主義市場経済は一種の敵対的《アンタゴニスティック》共生《シンビオシス》の関係にあると説明して、その相互関係を詳しく分析している。

（50）かつて社会主義改革論の有力な潮流として「市場社会主義」が唱えられたことがあったことを思い起

こすなら、「市場経済」（市場メカニズムの部分的利用にとどまることなく、システムの基幹に市場を据える経済体制）を資本主義と完全にイコールと考えるべきか、それともそれとは別種の市場経済もありうるのか、という論点も考える余地がないではない。とはいえ、現時点では、そのような構想を現実的に考える基盤はあまり見えていない。いずれにせよ、本書ではその問題には立ち入らないことにする。

(51) 冷戦は終わったのだから、市場の功罪を冷静に論じ、市場主義が暴走しないようにコントロールすることもできるはずだが、実際には、「社会主義が崩壊したのだから、市場を極限まで追求すればよい」という考えが圧倒的に広まってしまった。これは冷戦構造の清算の失敗だという指摘は、杉田敦『政治への想像力』岩波書店、二〇〇九年、六四頁。

(52) かつては、「自由主義的民主主義」と並んで「非自由主義的民主主義」というものがある——後者は「共産主義型」と「低開発国型」とに分かれる——とし、それらをいわば対等のものと見る考えが、かなり広く分かちもたれていた。C・B・マクファーソン『現代世界の民主主義』岩波新書、一九六七年参照。

(53) 塩川『現存した社会主義』（前注3）七九‐八四頁。ここで主要な発想源としているのは、カール・ポラニーの経済人類学を独自に改鋳した岩田昌征の三元論である。岩田昌征『現代社会主義の新地平』日本評論社、一九八三年、第一、二章、同『凡人たちの社会主義——ユーゴスラヴィア・ポーランド・自主管理』筑摩書房、一九八五年、第八、九章など参照。

(54) この問題に関しては、法哲学者の井上達夫が社会における秩序形成装置として国家・市場・共同体の三者を想定し、どれも他を排除して純粋化しようとするなら悲惨な結果に陥るとして、三者相互の「併存」「抑制と均衡」を保持する必要があると説いているのが参考になる。井上達夫『他者への自由』創文社、一九九九年、第二章、同「講義の七日間——自由の秩序」『岩波講座　新・哲学講義』第七巻（自由・権力・ユートピア）、岩波書店、一九九八年参照。

(55) G・エスピン‐アンデルセン『福祉資本主義の三つの世界——比較福祉国家の理論と動態』ミネルヴ

ァ書房、二〇〇一年。エスピン－アンデルセンの議論は、先進資本主義国のみを対象とし、またどの国の現実も混合的だという前提に立って、複数の指標の組み合わせによって各国の相対的位置を測定しようとするもので、本文で述べた議論とは発想を異にしている。しかし、ある抽象のレヴェルでは彼の議論をこのように再構成することも可能なのではないか、というのがコラム⑧の問題提起である。

(56) 岩田昌征『現代社会主義・形成と崩壊の論理』日本評論社、一九九三年、第三章。

(57) 共産主義システムは「早まった福祉国家」だったというコルナイの主張については、前注9参照。

(58) 体制転換直後の時点で「東」の「南」化の可能性を先駆的に指摘したものとして、A. Przeworski, "The 'East' Becomes the 'South'? The 'Autumn of the People' and the Future of Eastern Europe," *PS: Political Science and Politics*, vol. 24, no. 1 (March 1991). 論文のタイトルは現在形かつ疑問形になっているが、末尾ではhas become と完了形かつ肯定文で書かれている。A. Przeworski, *Democracy and the Market*, Cambridge University Press, 1991, p. 191 にも同趣旨の記述がある。一九九一年段階でプシェヴォルスキが示したのは中東欧諸国についての予感だが、その後の約二〇年間の軌跡を見るなら、中東欧諸国は何とか「西」に近づいたのに対し、多くの旧ソ連諸国はまさに「南」化しつつあるという風に見える。

(59) 中山弘正・上垣彰・栖原学・辻義昌『現代ロシア経済論』岩波書店、二〇〇一年、一一頁。

(60) 二〇〇八年末から〇九年にかけて、メドヴェージェフは小規模政党の権利保障を強める方向での一連の政治改革（下院選挙で得票率七%に届かなかった政党にも一定の議席を割り当てる、マスメディアにおける諸政党報道における平等性の保障、また政党登録要件の緩和など）を導入しつつある。これがどの程度実質的な意味をもつかについては、今後の適用を見なければまだ判断できない。**Собрание законодательства Российской Федерации**, 2009, No. 20, ст. 2391, 2392. 上野俊彦「メドヴェージェフ大統領の政治改革」『国際問題』二〇〇九年四月号、津田憂子「メドヴェージェフ政権下の政治改革」『外国の立法』第二四一号（二〇〇九年九月）参照。

(61) 現代ロシア政治に関する日本のマスコミ報道で優勢な「民主主義からの後退」「権威主義化」論への批判として、横手慎二・上野俊彦編『ロシアの市民意識と政治』慶応義塾大学出版会、二〇〇八年の「序」、上野俊彦「プーチン政権下の政治改革」（慶応義塾大学法学部編『慶応の政治学　地域研究』慶応義塾大学出版会、二〇〇八年所収）、鈴木義一「現代ロシアの社会意識と市民社会――ペレストロイカ期の民主化論再考」（立石博高・篠原琢編『国民国家と市民――包摂と排除の諸相』山川出版社、二〇〇九年所収）などを参照。

(62)「統一ロシア」の形成については、油本真理「ポスト共産主義ロシアにおける『与党』の起源――『権力党』概念を手がかりとして」『国家学会雑誌』第一二二巻第一一・一二号（二〇〇八年一二月）参照。

(63) 日本のマスメディアでロシアの政党が論じられるときには、ヤーブロコと右派勢力同盟が注目の中心となる傾向がある。しかし、事の善し悪しは別として、実際問題として二〇〇七年選挙後のロシア議会で「統一ロシア」に次ぐ位置を占めるのは共産党と「公正ロシア」であり、まずもってこれらの動向を押さえておく必要がある（もう一つ、右翼ナショナリスト政党の自由民主党もあるが、紙幅の関係で省略）。ヤーブロコと右派勢力同盟については、一八一―一八二頁で簡単に触れた。

(64) ウクライナ「オレンジ革命」については、直後の時点での観察として、私の研究ノート「最近のウクライナの政治情勢について（覚書）」がある。

(65) この点については、塩川伸明『民族とネイション――ナショナリズムという難問』岩波新書、二〇〇八年、第Ⅳ章で論じたので、本書では立ち入らないことにする。

(66) この問題に関し、私の研究ノート「コソヴォ問題と『人道的介入（干渉）』論――日本における国際政治・国際法研究者の言説をめぐって」および「『民族浄化』という言葉について」、またイグナティエフ『ヴァーチャル・ウォー』および『軽い帝国』についての読書ノートを参照。

(67) 前注1参照。

(68) ジョン・ギャディス『ロング・ピース』芦書房、二〇〇二年。この点については、塩川『《20世紀史》を考える』(前注5) 二五三―二五四頁参照。

(69) *Russian Analytical Digest*, No. 26, (4 September 2007), pp. 9, 13, 17.

(70) 二〇〇八年八月のロシア・グルジア衝突については、直後の時点の観察として、私の研究ノート「最近のロシア・グルジア・南オセチア衝突をめぐって」がある。一年後のEU調査委員会報告（軍事的攻勢を先に仕掛けたのはグルジアだと認定する一方、それに対するロシアの反撃も過剰だったとして、バランスをとるもの）は、http://www.ceiig.ch/Report.html からダウンロードすることができる（二〇〇九年一一月一六日最終アクセス）。この報告をうけて、多面的な角度からの論評を収録したものとして、*Caucasus Analytical Digest*, No. 10 (2 November 2009) の特集参照。また、衝突後の現地調査に基づく研究論文として、Kimitaka Matsuzato, "The Five-Day War and Transnational Politics: A Semiospace Spanning the Borders between Georgia, Russia, and Ossetia," *Demokratizatsiya*, vol. 17, no. 3, Summer 2009 がある。

(71) Jack F. Matlock, Jr., *Reagan and Gorbachev: How the Cold War Ended*, New York: Random House Trade Paperbacks, 2005, p. 302.

(72) これらの問題につき、簡単な解説として、塩川『民族とネイション』(前注65) 一六八―一八〇頁参照。

(73) J・ハーバーマス、E・ノルテほか『過ぎ去ろうとしない過去――ナチズムとドイツ歴史家論争』人文書院、一九九五年、ヴォルフガング・ヴィッパーマン『ドイツ戦争責任論争』未来社、一九九九年など参照。

(74) 梅本克己・佐藤昇・丸山眞男『現代日本の革新思想（丸山眞男対話篇3）』下、岩波現代文庫、二〇〇二年、二八三―二八四頁（初出は一九六六年）。
(75)　クリフォード・ギアツ『解釈人類学と反＝反相対主義』みすず書房、二〇〇二年、六〇頁。

あとがき

　本書は一風変わった現代世界論の試みである。通常、現代世界論とか国際政治・国際関係というと、アメリカをはじめとする欧米先進諸国か、あるいは激しい紛争で世界中の注目を集めている特定の事例などを主要トピックに据え、それに日本の動向などをからめる形で論じられることが多い。それに対して、本書はロシア・旧ソ連諸国をはじめとする旧社会主義圏の動向を主要トピックに据え、それを通して現代世界の構造およびその変化について考えようとしている。このような問題設定に対しては、そもそも社会主義とはもう終わったものであり、そんなものを取り上げることにどういう現代的意義があるのかという疑問が、先ず寄せられるだろう。また、そうした論点が重要な意味をもつのはロシアその他の諸国だけなのだから、そういうテーマを論じるのは特定地域に関する地域研究にすぎず、それを「現代世界論」などというのはおこがましいという反応も予想される。

　いや、そうではないのだ、これもまた現代世界の構造およびその大きな変化の一つの構成要素であり、しかもあまりきちんと解明されていないために、全体構造理解にとって必須の「ミッシング・リンク」となっているのだ、というのが本書の主張である。冷戦期においては、社会主義というものは——その理解・解釈・評価は多様だったが——ソ連・東欧圏・中国などの問題であるだけでなく、欧米諸国や日本その他の国々に対しても、またいわゆる発展途上諸国に対しても、陰に陽に種々のインパクトを与え、無視できない位置を占めていた。それが今日ではほぼ無視できるほどに後退したという事実は、欧米諸国・日本・発展途上国などにおける最近の変動を考える上でも、一つの無視できない構成要素である。たとえば、冷戦終焉後かなりの期間、国際政治で大きな位置を占めたアメリカの単独行動主義とか、経済面における市場原理主義の強まりといった現象も、対抗者としての社会主義の退場という事実を抜きにしては理解することができない。

誤解を避けるために強調しておくが、この指摘は、社会主義をどのように価値的に評価するか——それを擁護したり、再興を目指したりするかどうか——ということとは別個の次元のものである。今日の価値意識からどのように評価するかという問題とは別に、歴史的な事実として無視できない重みをもったこと、そしてその後におけるその重みの急速な低落という事実もまた、この間の世界全体の構造転換の大きな要素をなしているということ——これが本書で確認したいことである。多くの場合、その退場は単純に自明視され、その意味について熟考する作業もほとんどなされていないが、それでは、「社会主義」を一つの構成要素としていた現代世界の構造およびその大変動の認識も、バランスを欠いたものになってしまう。

手近な一例として、最近まで続いていた日本の「一九五五年体制」を振り返ってみるなら、自民党とともにそれを担ったもう一つの主柱は日本社会党だった。その社会党はこの間、急激に分解し、直接的な後継党たる社民党が極小勢力になる一方、一部が流入した民主党は今や大きな政権党となっている。ということは、この間の政界再編のなかで最大の変動を体現したのは――自民党は下野したとはいえ自民党のままであり、共産党も共産党のまま、公明党も公明党のままであることを思うなら――社会党だったということになる。知識人の世界においても――これは日本に限らず、欧米諸国の多くにも共通する――ある時期まで大きかったマルクス主義の影響力が急激に低下し、ほとんど嘲弄の対象でしかなくなっているという変化があるが、これもまた、ここ数十年の世界の構造的変化の重要な構成要素である。繰り返すが、そのことの善し悪しを論じようというのではない。問題なのは、よかれ悪しかれ大きな位置を占めてきたものが急激に退場するということは、価値評価に関わりなく大事件であり、検討と考察に値する事柄であるにもかかわらず、そのことが意識されていないという点にある。

本書は直接に日本・欧米諸国・発展途上諸国のことを主要テーマとしているわけではないが、社会主義およびその退場を論じることは、上記のような意味で、世界全体の構造変化の「ミッシング・リンク」を埋める意義があるのではないかという観点に立って、一風変わった現代世界論を提示しようとしたものである。従って、特定の国（たとえばロシア）や特定の論点に専門的な関心をいだく読者だけでなく、より広く、およそ現代世界について何らかの関心をいだく方々全般を想定読者として書かれた。この試みがどこまで成功しているかは分からないが、あまり厚くない本であるし、文章もできる限り分かりやすく書くよう努めたので、さまざまな観点から現代世界について考える人々に幅広く読んでいただけるなら大変幸いである。

*

冷戦終焉をはさむここ数十年のあいだに、「社会主義」「マルクス主義」「左翼」等の語のイメージは、日本国内でも大きく変わった。特に一九九〇年代から二一世紀初頭にかけては、それらの人気が大きく低落し、「ソ連」に至っては「いうもおろか」という風潮が一般的となった。インターネットを熱心に使う若い世代の間では、「ネット右翼」が増大しているらしいし、そこまでいかないまでも、「サヨク」をひたすら軽蔑用語として使う心性は相当広い範囲に行き渡っているようである。
そうはいっても、世間一般はともかく知識人のあいだでは、現状に対して批判的な姿勢をとろうとする発想は、まだ無視できない広がりをもっている。かつて使われていたのとは異なった最広義の意味で「左翼」という言葉を使うなら、そうした最広義の「左翼」的発想は死に絶えたわけではない。それどころか、一九九〇年代を通じた低落が極点に達した後、二一世紀に入って数年経ったあたりから、一部で「左翼」復活傾向も見られる。しかし、このことを指摘するのは、「ああ良かった」というような安易な安心をしたいためではない。

今日、種々の社会問題に批判的な立場から取り組もうとする人たちは、人気の急落した言葉と自分が結びつけられるのを避けるために、いわば「隠れマルクス派」「隠れ社会主義者」「隠れ左翼」といった態度をとることが多い。そのこと自体は理解できないことではない。だが、問題は、そのような「隠れ」の態度をとることで、過去との関係――総括、克服、死と再生等々――がぼやかされがちになる点にある。かつて一九六〇年代から七〇年代にかけて、それまでの正統左翼を批判する運動として「新左翼」と総称される多様な潮流が各国で登場し、注目を集めたことがあった。この「新左翼」は今となってはそれ自体が「古い」ないし「昔懐かしい」存在と化しているが、それに代わるようにして、「現代版・新生左翼」ともいうべき潮流が登場しつつあるように見える。そうした「現代版・新生左翼」は、もちろん、かつての新旧左翼の単なる繰り返しではなく、その限界を乗り越えた新しい潮流という自己意識を持っているはずである。だが、その多くは「社会主義者」と公然と名乗らないことによって、「お前は社会主義の破産をどう考えるのか」という問いを突きつけられずに済み、その問題から目を背けてしまっているのではないだろうか。

「現存した社会主義」について掘り下げて考えることなく、「いうまでもなく馬鹿げた失敗例」とあっさり片づけるのが今日の大勢だが、そのように安易に考えていると、その「いうまでもなく馬鹿げた失敗例」とは一線を画したはずの新しい潮流が意外に同種の問題をかかえるかもしれないという問題意識が欠如することになる。その点、ベネディクト・アンダーソンが紹介している次の言葉は味わい深いものがある。

「ポスト共産主義の現代世界に暮らす……読者にとって……いまは亡きマルクス主義―共産主義の教義を……論じる著作など、無用なもののように思われるにちがいない。……なんといっても、この一〇年でマルクス主義―共産主義の理論、実践、組織は……すでに破綻を来たし、完全に崩壊してしまったのだ。それなのに、どうしてわざわざ、この政治的死体について長々と退屈きわまる死亡記事を書くのはいうにおよばず、読んだりするというのか。それに対する私の回答は、つぎのようなものだ。共産主義の亡霊は、死んではいるものの、いまだに私たちにとりついている。生ける者と長く波乱に満ちた契約を交わしてきたため、死者はその親密な対話者の文化的精神のうえに深い刻印をのこさずに旅立つことはなかった。そうであるからこそ、共産主義の幽霊譚を書き、読み、理解することを通じてのみ、生ける者は、みずからの下意識にある文化的自我を完全に意識することができるようになるのである。」(Kasian Tejapira, "Commodifying Marxism: The Formation of Modern Thai Radical Culture, 1927-1958," Ph. D. Thesis, Cornell University, 1992; ベネディクト・アンダーソン『比較の亡霊――ナショナリズム・東南アジア・世界』作品社、二〇〇五年、四七二頁より重引)。

＊

本書は書き下ろしの著作だが、部分的に、いくつかの旧稿を換骨奪胎しつつ取り込んだところがある(その大半は大幅な改稿を施しており、旧稿再録というよりも実質的新稿としての性格が濃いが)。それらの旧稿を一覧にするなら、次の通りである(＊を付けた文章は、私のホームページ〔URLについては二三一頁参照〕に収録してある)。

●「『現存した社会主義――リヴァイアサンの素顔』へのさまざまな論評に接して」(二〇〇一年)＊
●「『もう一つの社会』への希求と挫折」『岩波講座・二〇世紀の定義』第二巻(溶けたユートピア)、二〇〇一年所収
●インタビュー「フランス革命からソ連消滅までの二〇〇年」『毎日ムック・シリーズ・二〇世紀の記憶、新たな戦争、民族浄化・宗教・電網、1990-1999』毎日新聞社、二〇〇一年所収
●「歴史的経験としてのソ連」『比較経済体制研究』第九号(二〇〇二年)

●二〇〇二年度日本政治学会大会共通論題I「二〇世紀は政治学をどう変えたか」報告「ソ連史（現存した社会主義の歴史）の観点から」（二〇〇二年一〇月五日、愛媛大学）＊

●「三つの自由主義──市場経済（自由経済）・経済自由主義・政治的リベラリズム」『比較経済体制研究』第一〇号（二〇〇三年）

●「冷戦・ソ連・社会主義」『週刊朝日百科・日本の歴史』第一一五号（現代⑤アメリカ──日米交錯の諸相、二〇〇四年八月二二日）所収

●稲葉振一郎・立岩真也『所有と国家のゆくえ』（NHKブックス、二〇〇六年）をめぐるトークショーの記録（ジュンク堂池袋本店、二〇〇六年九月一六日）＊

●「ロシア革命九〇年を考える」『ユーラシア研究』第三七号（二〇〇七年）

●「旧ソ連地域の民族問題──文脈と視点」『ユーラシア研究』第四〇号（二〇〇九年）

＊

今から一〇年ほど前に、旧著『現存した社会主義──リヴァイアサンの素顔』（勁草書房、一九九九年）を出したとき、このテーマについて書けることは一通り書ききったというのが、その時点での感覚だった。断片的な落ち穂拾いや補足は別として、このテーマについて何かまとまった形で書くこと

は当分ないだろうと思われた。

しかし、さすがにそれから一〇年も経つと、「社会主義」「冷戦終焉」「体制転換」等をめぐる言論状況やそれらへの視線にもいくつかの変化があり、そうした動向を踏まえた新しい議論が必要ではないかと考えるようになってきた。二一世紀初頭に「新しい冷戦」的雰囲気が高まったことは、「冷戦終焉」についてもう一度きちんと考え直す必要を物語るように思われたし、ブッシュの退場とオバマの登場によって「リセット」が言われ出したことは、一つのサイクルがまわりきったことを意味するように思われる(余談だが、世界中の注目を集めているオバマの核廃絶論は、元来、二〇数年前にゴルバチョフが言い出したものである)。「現存した社会主義」退場後の世界を蔽った市場原理主義の勝利という感覚は、ここ数年影をひそめ、この面でも一つのサイクルがまわりきったという観がある。

こうした状況を眺めながら、そろそろ旧著の焼き直しや二番煎じではない形で「現存した社会主義」「冷戦終焉」について新しい視点から語ることが可能になりつつあるのではないか、という感覚をここ数年いだくようになった。そのような思いから本書の執筆に取りかかったが、いざ実際に書き始めてみると、予想外に困難な作業だった。目まぐるしい変化を横目でにらみながら、今から二〇年前のことを思い起こし、「冷戦後」の時代について考えるという作業は、「現代史」という分野の研究が現状の激しい変化に振り回されざるを得ないということを改めて痛感させた(時事問題を主要内容とするわけでないとはいえ、「現状」を念頭におきながら書いた書物であるので、執筆時期を明示するなら、本書の原稿は基本的に二〇〇九年三—八月の執筆であり、九—一〇月に若干の補訂を施した)。

世間で「常識」視されている見解に逆らう「異説」的主張を多く含むだけに、本書が読者にどのように受けとめられるか、多少の不安がなくもないが、ともかく自分なりに一つの見通しをつけることができ、肩の荷を少しだけ下ろした気がしている。

＊本書の準備に際して、独立行政法人日本学術振興会から二〇〇七—〇九年度に科学研究費基盤研究A「非欧米世界からの比較政治学」(課題番号一九二〇三〇〇七、研究代表者塩川伸明)の交付を受けた。

二〇〇九年一二月三日(マルタ会談における冷戦終焉宣言二〇周年の日に)

著者

索引

C

E

G

I

K

N

あ

い

う

え

お

か

き

く

け

こ

さ

し

す

せ

そ

た

ち

て

と

な

に

ね

の

は

め

も

や

ゆ

ら

り

れ

ろ

わ

著者略歴

1948 年　東京都に生まれる
1979 年　東京大学大学院社会学研究科（国際関係論）博士課程単位取得退学
現　在　東京大学大学院法学政治学研究科・法学部教授
著　書　『終焉の中のソ連史』（朝日新聞社，1993 年）
『現存した社会主義――リヴァイアサンの素顔』（勁草書房，1999 年）
『《20 世紀史》を考える』（勁草書房，2004 年）
『多民族国家ソ連の興亡』全 3 巻，（岩波書店，2004-07 年）
『民族とネイション――ナショナリズムという難問』（岩波新書，2008 年）
E-Mail　shiokawa@j. u-tokyo. ac. jp
URL　http://www. shiokawa. j. u-tokyo. ac. jp/

冷戦終焉 20 年　何が、どのようにして終わったのか

2010 年 6 月 10 日　第 1 版第 1 刷発行

著 者　塩《しお》　川《かわ》　伸《のぶ》　明《あき》

発行者　井　村　寿　人

発行所　株式会社　勁《けい》　草《そう》　書　房

112-0005 東京都文京区水道 2-1-1　振替　00150-2-175253
（編集）電話 03-3815-5277／FAX 03-3814-6968
（営業）電話 03-3814-6861／FAX 03-3814-6854
大日本法令印刷・青木製本

ISBN978-4-326-35153-4　Printed in Japan

http://www. keisoshobo. co. jp